Sobre Comunidade

Coleção Debates
Dirigida por J. Guinsburg

Equipe de Realização – Tradução: Newton Aquiles von Zuben; Seleção e Introdução: Marcelo Dascal com a colaboração de Oscar Zimmermann; Revisão de Texto: Marcelo Dascal; Produção: Ricardo W. Neves, Sergio Kon e Lia N. Marques.

martin buber
SOBRE COMUNIDADE

Dados Internacionais de Catalogação na Publicação (CIP)
(Câmara Brasileira do Livro, SP, Brasil)

Buber, Martin, 1878-1965
  Sobre comunidade / Martin Buber ; seleção e introdução de Marcelo Dascal e Oscar Zimmermann — São Paulo : Perspectiva, 2012. — (Debates ; 203 / dirigida por J. Guinsburg)

  2ª reimpr. da 1. ed. de 1987.
  Bibliografia.
  ISBN 978-85-273-0617-1

  1. Comunidade 2. Comunidade - Desenvolvimento 3. Organização social e política 4. Vida comunitária I. Dascal, Marcelo. II. Zimmermann, Oscar. III. Título. IV. Série.

08-05876   CDD-307

Índices para catálogo sistemático:
1. Comunidades : Sociologia 307
2. Vida em comunidade : Sociologia 307

1ª edição – 2ª reimpressão
[PPD]

Direitos reservados em língua portuguesa à
EDITORA PERSPECTIVA S.A.

Av. Brigadeiro Luís Antônio, 3025
01401-000 – São Paulo – SP – Brasil
Telefax: (0--11) 3885-8388
www.editoraperspectiva.com.br

2018

SUMÁRIO

Prefácio 9
Introdução – *Marcelo Dascal e Oscar Zimmermann* ... 13
1. Nova e Antiga Comunidade 33
2. Prefácio à Coleção "Die Gesellschaft" 41
3. Palavras à Época 45
   Primeira Parte: "Princípios" 45
   Segunda Parte: "Comunidade" 49
4. Estado e Comunidade 63
5. Educação para a Comunidade 81
6. Indivíduo e Pessoa – Massa e Comunidade 103
7. Individualismo e Coletivismo 117
Posfácio – *Newton A. von Zuben* 129

PREFÁCIO

A preparação deste livro foi instigada por uma série de eventos singulares. Neste sentido ele é uma resposta a uma situação concreta, como diria Buber. Por ocasião do centenário do nascimento de Buber, em 1978, realizaram-se simpósios e conferências em vários lugares. Entre eles, um grande congresso na cidade de Beer-Sheva (Israel). Embora esse congresso tivesse por propósito abarcar a totalidade do pensamento de Buber, seus organizadores omitiram totalmente qualquer referência à filosofia social e à atividade e pensamento políticos de Buber. Tal fato, certamente devido à pouca popularidade de que gozavam e gozam as idéias políticas de Buber em Israel, pareceu-me então uma distorção imperdoável da contribuição filosófica desse pensador. Publiquei a respeito uma carta de protesto no jornal *Haaretz*, que provocou uma série de cartas de apoio, entre as quais uma do Professor Ernst Akiva Simon, eminente educador e velho amigo e colaborador de Buber.

Na mesma época, Oscar Zimmermann, membro do *kibutz* Bror-Chail, chamou minha atenção para o fato de existirem, no Arquivo Buber em Jerusalém, textos ainda não publicados, assim como textos de difícil acesso, em que Buber elaborava os conceitos básicos de sua filosofia social. Ao examinar tais textos pareceu-me que, embora alguns deles fossem notas não revistas de conferências por ele pronunciadas, mereciam ser publicados a fim de proporcionar aos interessados e ao público em geral uma visão mais completa de seu pensamento político-social.

A terceira circunstância que me levou a empreender esta tarefa e a focalizar a seleção de textos em torno do conceito de comunidade foi uma conversa que tive, no mosteiro de Latrun, com um jovem francês que havia vindo a Israel na esperança de aprender algo sobre vida comunitária, a fim de poder aplicar esses ensinamentos na comuna urbana em que vivia, em Grenoble. Nessa conversação, ficou patente para mim (fato depois confirmado por outras informações), que há pelo mundo afora um grande número de pessoas que ainda buscam ativamente uma forma de vida social alternativa, capaz não só de resolver os grandes problemas a nível da organização política global das sociedades, mas também de dar uma nova substância à vida, através de uma modificação substancial das relações a nível interpessoal. Acredito que as idéias — e mais que isso, a visão — de Buber apontam para tal alternativa. Sua divulgação, portanto, poderá talvez contribuir para aumentar o número daqueles que tratam de realizá-la, assim como para infundir novo ânimo naqueles que já conseguiram estabelecer uma ou outra das múltiplas formas de "comunidade" possíveis, mas que se encontram assediados e isolados no seio da sociedade selvagem.

Várias pessoas contribuíram para tornar este livro possível. Desejo agradecer, em especial, ao Professor Ernst Akiva Simon, por seu apoio indispensável ao projeto, e por obter do Fundo Lakritz, da Universidade Hebraica de Jerusalém, ajuda financeira parcial para o mesmo — ajuda que também agradeço. À Senhora Margot Cohen, do Arquivo Leibniz de Jerusalém, por sua ajuda generosa para a localização dos textos pertinentes. Ao Senhor Rafael Buber, por seu apoio, seus conselhos valiosos, e pela permissão para publicar estes textos. Ao Professor Newton A. von Zuben, por ter concordado em realizar o árduo trabalho de traduzir diretamente do alemão a prosa difícil de Buber. À Editora Perspectiva, por seu apoio e paciência até a concretização final do projeto. E finalmente a Oscar Zimmermann, por sua participação ativa e colaboração incondicional em todas as fases do trabalho.

Marcelo Dascal

INTRODUÇÃO *

Os ensaios e os estenogramas de conferências contidos nesta coletânea — em sua maior parte jamais publicados, ou se o foram, não facilmente acessíveis hoje em dia — referem-se, de uma forma ou outra, ao conceito de "Comunidade" (*Gemeinschaft*), como aos seus afins (*Gemeinde, Bund, Zusammenleben* etc.) e aos seus antagônicos (*Gessellschaft* — sociedade; massas; Estado; etc.). Não há dúvida de que estes conceitos, que Buber tentou clarificar e reformular, ao longo de sua carreira, constituem-se em pedras-angulares de seu pensamento social e político. Onde quer que se trate de motivos sociais ou políticos, ele emprega a oposição entre a comunidade e as outras formas de organização social, argumentando em favor de uma restauração, criação ou desenvolvimento ulterior da comunidade como sendo os únicos meios possíveis para superar os males da sociedade e, dessa

* Tradução do original em inglês de Oscar Zimmermann.

forma, conquistar uma vida melhor para os seres humanos neste mundo.

Entretanto, ninguém tinha mais consciência do que Buber do perigo dos dogmas imutáveis na filosofia política e social. "O absoluto, no campo da política" — dizia, quando perguntado sobre seus pontos de vista em relação à desobediência civil — "não pode provar a sua indisputável superioridade sobre todas as coisas relativas"[1]. Para ele, qualquer idéia política ou categoria social, por mais geral e fundamental que seja tomada, "deve ser considerada no âmbito de uma dada situação"; e, ao mudarem as condições do *hic et nunc,* toda e qualquer categoria adquirirá um novo significado. Por outro lado, Buber freqüentemente acentua não apenas a continuidade de suas idéias, como também a invariança dos principais conceitos por ele usados. Insistentemente, recusa-se a admitir qualquer "conversão conceptual" pela qual possa ter passado, e no máximo descreve suas mudanças de opinião em termos de "maturação do julgamento", "clarificação" de algumas idéias, ou "correção de interpretações errôneas que não tocam no essencial"[2].

A coleção dos escritos aqui reunidos oferece um exemplo cabal desta mistura do permanente e da mudança, da fidelidade a certos conceitos e compromissos básicos acoplada a uma profunda sensibilidade para com as exigências variáveis da situação. Trata-se apenas de uma amostra da preocupação constante de Buber com o conceito de comunidade e suas ramificações, mas uma amostra que é representativa e esclarecedora. Ela é representativa por abranger aproximadamente meio século de reflexão — a parte mais produtiva da carreira de Buber — e por cobrir o exame deste conceito em relação às suas preocupações mais básicas, tais como a sociologia, a religião, a educação, o diálogo e a ação política. Ela é também esclarecedora, pois, por vez primeira, apresenta o pensamento de Buber "em formação", mostrando como ele pugna — por vezes sob a forma de apresentação oral, num autêntico diálogo com a sua audiência — para tor-

1. CLARA URQUART (org.), *A Matter of Life,* London, 1963, p. 51.
2. Citado por AKIVA ERNST SIMON, "El legado vivo de Martin Buber", *Dispersión y Unidad* 22/23, 1978, p. 90.

nar claras suas próprias idéias. Nesta introdução, oferecerei algumas informações gerais relevantes para a compreensão destes escritos, bem como algumas indicações acerca de seu conteúdo e diferenças principais, deixando ao leitor o prazer de encontrar seu próprio sendeiro interpretativo nos meandros do pensamento buberiano.

Embora nas concepções buberianas sobre comunidade e sociedade, tais como foram desenvolvidas nos diversos estágios do seu pensar, possam ser discernidos os traços de várias influências (Nietzsche, Dilthey, o socialismo "utópico", a mística judaica, Landauer, Simmel e outros), o ponto de partida, ou pelo menos, o conjunto dos instrumentos conceptuais pressupostos na maioria de suas reflexões a este respeito, encontra-se, sem dúvida, na influente obra de Ferdinand Toennies, *Gemeinschaft und Gesellschaft*[3]. Como membro de uma sociedade rural tradicional, em Schleswig-Holstein, Toennies descobre ao seu redor dois tipos de mundo: de um lado, um mundo agrário, enraizado em antigas tradições medievais, solidamente ligado à terra e, de outro, o mundo do comércio, dos centros urbanos, em constante mudança, um mundo cuja principal preocupação é o lucro. Não é difícil imaginar como um filho daquele mundo, constatando que fora substituído por este, faz uma idealização do mundo perdido, e procura as razões da expulsão do homem de seu Paraíso. Porém, sob a influência das novas idéias "científicas" da segunda metade do século dezenove, Toennies já não pode se satisfazer com a explicação teológica corrente. Decide investigar mais precisamente a estrutura desses dois tipos de vida humana, e tentar de-

---

3. O livro foi originalmente publicado em 1887. Faço uso aqui da tradução inglesa de CHARLES P. LOOMIS, *Community and Association*, London, 1955. A dicotomia de Toennies foi amplamente discutida e adotada, sob diferentes formas, por vários sociólogos de renome no começo do século, tais como Max Weber e Emile Durkheim, e mais recentemente por Talcott Parsons. Sobre esta distinção, como base da incipiente filosofia social de Buber, veja-se ROBERT WELTSCH, "Buber's Political Philosophy", em P. SCHILPP e M. FRIEDMAN (orgs.), *The Philosophy of Martin Buber*, La Salle, Illinois, 1967, pp. 437-439, bem como S. H. BERGMAN, *A Filosofia Dialógica de Kirkegaard a Buber*, Jerusalém, 1974, pp. 237-238 (em hebraico). Veja-se também HANS KOHN, *M. Buber: Sein Werk und seine Zeit*, 1.ª ed., Hellerau, 1930, pp. 186-197.

terminar o processo histórico real que conduz de um tipo de vida ao outro. A principal diferença entre os dois tipos, alcunhados por ele, respectivamente, *Gemeinschaft* (Comunidade) e *Gesellschaft* (Sociedade ou Associação), repousa, ao seu ver, na existência de dois tipos de *Vontade*, qualitativamente diferenciados e opostos, ou seja: a Vontade "Integral" (ou "Natural"), *Wesenwille*, e a Vontade "Racional" — *Kuerwille*.

Em uma *Gemeinschaft*, os indivíduos agem sob a influência da *Wesenwille*, e tudo se passa como se suas ações não necessitassem de qualquer justificação. A ação é fruto da tradição e dos costumes, e num âmbito assim, não há razão para se perguntar qual o motivo ou causa de uma determinada conduta (social), pois que a óbvia resposta seria: a sobrevivência da comunidade. E a fundamentação de tal resposta encontra-se na comprovada capacidade dos vários tipos de ação, forjada num passado de perdida memória, de garantir a sobrevivência da comudidade. Em *Gesellschaft*, por outro lado, a conduta, guiada pela *Kuerwille*, é determinada pelas metas estabelecidas pelo indivíduo. Tal tipo de ação é "racional", na medida em que se define em termos de uma adequação de meios a fins. O seu objetivo será sempre, de uma forma ou de outra, o lucro; e tudo, incluindo-se seres humanos e grupos de seres humanos, é tratado de acordo, isto é, como se fosse um meio, ou um instrumento, para a obtenção de tal finalidade. Várias outras diferenças básicas são corolários da distinção axiomática acima descrita, e são também explicadas por Toennies através da tipologia dos dois modos de vontade. Assim, por exemplo, em uma *Gemeinschaft* existe "Liberdade" (ou seja, uma correspondência entre o que se deseja com o que pode ser alcançado), enquanto que na *Gesellschaft* existem somente escolhas ou "opções" (na verdade, nos encontramos diante de várias alternativas, mas tão-somente um pequeno grupo delas são realmente factíveis); em uma *Gemeinschaft*, a ação é resultado de um talento ou vocação (Beruf), ao passo que em *Gesellschaft*, age-se em virtude de uma obrigação externa; e assim por diante. Em suma, e servindo-nos das próprias palavras de Toennies, a *"Gesellschaft* é um agregado mecânico e artificial", onde as pessoas "estão por essência separadas, apesar de todos os fatores agregantes", enquanto que a *Gemeinschaft* é "real e orgânica", um tipo de "vivência em conjunto — íntima, privada, e possuidora de exclusividade", "uma vida em comum" onde os indivíduos se mantêm essencialmente unidos, apesar de todos os fatores desagregatórios". Apesar de sua clara preferência pela *Gemeinschaft* sobre a *Gesellschaft* como forma de vida, Toennies era suficientemente realista e orientado "cientificamente" para reconhecer o fato de que havia ocorrido um desenvolvimento histórico — ligado à Revolução Industrial — que levava de um tipo ao outro, sendo que esse processo, aparentemente, apresentava-se como irreversível.

No primeiro dos escritos aqui incluídos — que é talvez a primeira obra de Buber sobre temas sociais — ele se desliga daqueles "sobejamente conhecidos" sociólogos que definem a "comunidade" como uma forma de vida regulada tão-somente pelo "instinto natural", contrastando-a com a "sociedade", que seria regulada por "convenções externas". A menção é clara, visando a Toennies e a seus discípulos. Para Buber, comunidades baseadas em laços sangüíneos e cegamente seguidoras de tradições imemoriais são apenas um dos tipos de comunidade, que ele denomina "a antiga comunidade". Mas a estas comunidades historicamente dadas e "pré-sociais", tais como a tribo, a seita e a família, que Buber, ao contrário de muitos de seus contemporâneos, não tenta romantizar, não esgotam o conceito de comunidade. Enquanto que para Toennies, a "comunidade" foi historicamente substituída pela "sociedade", para Buber, nada há de irreversível em tal processo. Na realidade, Buber acredita que seja não somente desejável, mas também eminentemente realizável que a "sociedade", regulada pelo princípio utilitário e por relacionamentos externalizados, dê lugar a uma "nova comunidade", baseada na "lei intrínseca da vida", no "princípio criativo", e em relações emanadas da livre-escolha das pessoas e não de ligações consangüíneas. Neste sentido, ele propõe chamar esta nova forma de comunidade de "pós-social". É importante notar que a rejeição que é feita por Buber não se atém à distinção categorial básica de Toennies, mas sim a seu fatalismo histórico que é inaceitável para Buber. Entretanto, para manter esta distinção, ainda que rejeitando as conclusões históricas de seu autor, Buber é obrigado a transformar o seu *status*: "comunidade" não é mais um rótulo aplicável a certas formas históricas conhecidas de agregação humana. Ela torna-se um conceito amplo e um tanto abstrato, uma espécie de "tipo ideal" no sentido weberiano, que pode ser exemplificado pelo menos até certo ponto, em qualquer período histórico.

A conferência "Nova e Antiga Comunidade" foi pronunciada no círculo "Nova Comunidade" ("Neue Gemeinschaft"), que foi descrito como "um fenômeno característico da época, relacionado com o esteticismo do *fin-de-siècle*, com o heroicismo nietzschiano, com a *Lebensphilosophie*, e com o Neo-Romantismo. Sua *Weltanschauung* constituía-se em um misto de utopismo literário ingênuo e em misticismo vivencial, que almejava alcançar "a consecução do ideal supremo, *i.e.*, o alcance do Reino da auto-Realização"[4]. Não foi portanto um ensaio sobre "filosofia social" que Buber apresentou aos seus colegas do círculo, mas sim um tipo de manifesto, com o propósito de tornar explícita a ideologia do grupo. Entretanto, apesar de citar com aprovação as palavras de um dos líderes do grupo, Gustav Landauer, Buber mostra já uma considerável divergência com seus companheiros[5]. Pois os participantes pregavam uma "Nova Comunidade" *universal*, onde seriam suprimidas as barreiras — nacionais ou de outra ordem — entre os homens, bem como entre o Homem e a Natureza. Tal comunidade seria fundamentada "no núcleo mais profundo de nossa essência oculta", e ela se constituiria "na mais antiga e na mais universal das comunidades: com a Raça Humana e com o Cos-

---

4. P. R. FLOHR e B. SUSSER, "Alte und Neue Gemeinschaft: an unpublished Buber manuscript", *AJS Review* (Assoc. for Jewish Studies), I, 1976, p. 42. Este manuscrito foi publicado pela primeira vez por Flohr e Susser, com uma introdução, na qual eles fornecem valiosas informações acerca do círculo "Neue Gemeinschaft" e sua ideologia.

5. Talvez estas divergências sejam uma das razões pelas quais a palestra de Buber, cuja revista do círculo *Das Reich der Erfuellung* estava prevista (conforme informa H. KOHN, em *M. Buber. Sein Werk und Seine Zeit*, 2.ª ed., Köln, 1961, pp. 29-30), nunca foi publicada.

mos"⁶. É verdade que Buber também descreve a "Nova Comunidade" em termos universais, não só quando acentua — em tom tipicamente vitalista — suas conexões com o "fluir da vida", mas também quando argumenta que as fundações de tal comunidade jazem além de uma mera comunhão de conceitos ou opiniões: "muitas pessoas dantes nunca vistas e das quais sabemos tão pouco quanto elas de nós, pertencem mais profundamente e completamente a nós do que alguém que encontramos diariamente: mesmo que este último compartilhe nossas opiniões sobre isto e aquilo, enquanto que os primeiros tenham visões e pensamentos diferentes dos nossos". Porém, seria errôneo interpretar asserções desta natureza — mesmo nos primeiros estágios da carreira de Buber — como um endossar total do cosmopolitismo e do universalismo, como uma negação da necessidade de uma pluralidade de comunidades concretas, cuja tarefa seria a mediação entre o indivíduo e a totalidade da "raça humana" — tese que se transformaria depois num dos motivos mais característicos da filosofia social de Buber. Pois, em "Nova e Antiga Comunidade", Buber também acentua o caráter concreto do "pequeno círculo" do qual a nova comunidade emergiria, e mesmo que entre seus membros possam ser incluídas potencialmente "pessoas que nunca tenhamos visto", estas são indivíduos *particulares*, com as quais se têm afinidades *específicas*, que seriam trazidas à tona onde quer que encontrássemos algum desses indivíduos por acaso.

Poder-se-ia conjeturar que uma das razões para a observação posterior de Buber de que o que o círculo "Neue Gemeinschaft" lhe ensinou teria sido como a comunidade *não* surge, seria precisamente a aderência de seus membros a uma forma pura e abstrata de universalismo, doutrina que Buber, profundamente enraizado em fontes judaicas leste-européias, não poderia aceitar. Sem dúvida, ele veio a criticar explicitamente tal posição somente alguns anos mais tarde, mas em sua vibrante e im-

---

6. Estas são palavras de G. Landauer, citadas por Buber. Analogamente, para Julius Hart, um dos fundadores do círculo, "o mundo inteiro não é nada senão o meu Eu, e o meu Eu, não é nada, senão o mundo exterior a mim" (citado em FLOHR e SUSSER, *op. cit.*, p. 43).

19

pulsiva retórica de 1900, já se configuram algumas restrições contra o universalismo abstrato, formuladas numa linguagem extremamente acadêmica.

Quer o Estóico fale nos novos termos de uma sociedade da raça humana (*societas generis humani*), quer nos velhos termos de uma megalópolis, a situação é a mesma: uma idéia espiritualmente elevada emerge para confrontar a realidade, mas não consegue alojar-se num ventre fértil para procriar uma criatura viva, pois foi despida de sua corporealidade.

....

Não existe um universalismo praticável... exceto aquele vislumbrado pelos Profetas de Israel, que propuseram, não abolir as sociedades nacionais e suas formas de organização, mas sim saná-las e aperfeiçoá-las, abrindo assim o caminho para sua amalgamação[7].

Em 1905, Buber toma a si um empreendimento mais científico, relacionado ao nosso tema: a edição de uma coleção de monografias, sob o título geral "Die Gesellschaft" ("A Sociedade")[8]. Aqui incluímos o "Prefácio" a esta coleção, que é significativo por várias razões, e ficou "oculto" em uma das monografias, a saber, *Das Proletariat*, de Werner Sombart. Deixando de lado o entusiasmo anterior da pregação a favor da "comunidade" e contra a "sociedade", Buber se dispõe a coordenar um esforço acadêmico conjunto, cuja meta é um exame acurado das várias facetas do que é por ele chamado — introduzindo um neologismo — o "Inter-humano" (*das Zwischenmenschliche*). Segundo Buber, tanto a definição

---

7. "Society and the State", em *Pointing the Way*, editado por M. FRIEDMAN, New York, Schocken 1957, pp. 165-166. Flohr e Susser consideram a posição de Buber aqui mantida como "apolítica". Ele rejeita, comentam eles, todo e qualquer determinismo e utilitarismo, não tendo em vista, *ipso facto*, a ação política. Mas isto não é um indicativo de um pensamento apolítico; bem pelo contrário, já é uma tentativa de oferecer uma alternativa política que sublinha a necessidade de uma reforma no indivíduo, anterior a qualquer transformação da sociedade como um todo.

8. A coleção publicada por Ruetten e Loening (Frankfurt), foi muito bem-sucedida. Ela incluiu 40 volumes, publicados de 1905 a 1912, de autoria de renomados especialistas. Paul R. Flohr analisa em detalhe o "Prefácio" de Buber, bem como algumas monografias da coleção em sua tese de doutoramento, *From Kulturmystik to Dialogue: an Inquiry into the Formation of Martin Buber's Philosophy of I and Thou* (manuscrito não publicado, Brandeis University, 1973).

do tema desta coleção, que abrange todos os aspectos da vida-em-comum do homem (*Zusammenleben*), como sua abordagem, definida por ele como "sócio-psicológica" — são inovações. Na realidade, o que é por ele proposto, é antes um uso eclético de conceitos derivados principalmente de seus mestres Dilthey e Simmel. "Qualquer inter-relação ou interação entre duas ou mais pessoas — diz Buber no 'Prefácio', — pode ser chamada de 'sociedade' ", e pertence, portanto, ao domínio do "Inter-humano". Isto inclui não apenas as "Formas" sociais de Simmel, tais como instituições, organizações, classes etc., mas também as estruturas (*Gebilde*) resultantes da interação humana e a ela subjacentes, tais como sistemas de valores, criações culturais, meios de produção etc., assim como as "ações" através das quais a vida social é transformada e mudada diacronicamente. A "Sociologia", no sentido dado a este termo por Simmel, cobriria somente uma parte do domínio definido por Buber, pois que se ocupa somente das referidas *Formen* da vida social. As outras partes pertenciam tradicionalmente à Ética, à Filosofia do Direito, à Filosofia Política e à Economia, por um lado, e aos diferentes setores da História, por outro. O que Buber procura oferecer é um ponto de vista unificador mais abrangente do que o da "sociologia" *strictu sensu*, capaz de erigir uma ponte sobre os abismos artificiais entre todas essas disciplinas. Este objetivo, ele acredita tê-lo alcançado graças à ênfase dada ao componente "psicológico", presente em todas as variedades do inter-humano.

O próprio Buber planejou escrever uma monografia para a coleção "Die Gesellschaft", que ostentaria o título *Prolegomena zu einer Deduktion des Zwischenmenschlichen*[9], onde eventualmente elaboraria e explicaria a breve descrição do "Inter-humano", dada no "Prefácio". No centro desta "Dedução", ele pensava enfocar a relação amorosa entre os sexos. Esta questão foi finalmente objeto de uma das monografias publicadas na coleção, *Die Erotik*, escrita pela psicanalista Lou Andreas Salo-

9. *Martin Buber — Briefwechsel aus sieben Jahrzehnten*, 3 vols., ed. por Grete Schaeder, Heidelberg, 1975 (abreviado, doravante, por *Briefwechsel*). Carta 103 (vol. I), a Hugo von Hoffmanstahl, 26 de junho de 1906.

me[10]. A intenção (não concretizada) de Buber, entretanto, mostra claramente que, apesar da "cientificização" de sua perspectiva e do reconhecimento da importância das outras manifestações do "social", ele permanecia fiel à crença de que o mais valioso e eficaz elemento nas formas de interação humana é a ligação direta e concreta entre duas pessoas. Assim, uma das primeiras monografias por ele consideradas para a nova coleção foi *A Aldeia*, "esta peculiar e tão pouco entendida formação social", que constitui-se também num de seus exemplos favoritos de "comunidade"[11].

Apesar desta preocupação com um ponto de vista unitário na coleção, Buber exigiu que cada autor trabalhasse em sua monografia de uma forma, estrutura ou "ação" do "Inter-humano" suficientemente específica e bem definida. Foram por ele propostos ou aceitos, títulos como *O Proletariado*, *A Religião*, *A Greve*, *O Jornal*, *A Linguagem*, *A Revolução*, *A Escola*, *O Parlamento* etc. Mas foram por ele rejeitadas, polida mas tenazmente, propostas como a de Frederik van Eeden, que se propunha escrever sobre *A Organização Psíquica* ou *A Unidade Espiritual da Humanidade*, com o argumento de que com toda a probabilidade van Eeden não discorreria sobre um aspecto particular da vida social, mas sim sobre a sua "totalidade"[12]. Buber acreditava que a abordagem "atomista" por ele concebida asseguraria um tratamento científico apropriado a cada tópico, enquanto que a coleção, como um todo, e não qualquer das monografias, daria ao leitor uma visão global da verdadeira complexidade e riqueza da vida social.

Os dois escritos seguintes, aqui inseridos, foram redigidos por um Buber profundamente transformado pelos acontecimentos da Primeira Grande Guerra e suas conseqüências, no momento em que ele pugnava por entender o seu significado e alcance. Pouco antes da guerra estourar, Buber ainda acreditava na universalidade do es-

---

10. Veja-se *Briefwechsel*, cartas 146 e 147 (vol. I), de 10 e 13 de fevereiro de 1910.
11. *Idem*, carta 86 (vol. I), a H. Stehr (20 de maio de 1905).
12. *Idem*, cartas 145 e 148 (vol. I), 7 e 28 de fevereiro de 1910.

pírito humano, e na sua capacidade de influenciar, através da "autoridade" dos seus mais reputados "representantes", o curso da História[13]. Porém, durante a guerra, ele passou pelas experiências de ser um patriota germânico, um ativo sionista, um místico judeu e um desapontado socialista. Suas próprias pesquisas no campo do hassidismo e seu engajamento ativo no sionismo e na vida judaica em geral (como editor do *Der Jude*, entre outras tarefas) o familiarizam com a característica forma de associação hassídica que é a simbiose do Mestre com seus Discípulos, bem como com as idéias que fundamentam as novas colônias coletivistas na então Palestina — ambos notórios exemplos de "comunidades", segundo Buber[14]. Todas estas experiências deixam profundos traços em seus subseqüentes escritos sociais. Suas mudanças de opinião durante a guerra acarretam querelas com seus mais próximos e melhores amigos. Gustav Landauer, por exemplo, criticou violentamente o abandono dos princípios universalistas, bem como dos princípios do socialismo e do anarquismo, por parte de Buber, ao abraçar este o nacionalismo, tanto germânico como judaico[15]. Mas Buber tinha que encontrar o seu próprio caminho, num mundo que não se deixava entender por conceptualizações simplistas.

Aos fins de 1918, Buber declara que está "começando uma nova vida", e que, pela primeira vez, estava trabalhando na elaboração de seu próprio sistema filosó-

13. Oito acadêmicos de diversos países reuniram-se em Potsdam, em junho de 1914 e planificaram a organização de um encontro mais amplo, em Forte dei Marmi, que deveria promover um pronunciamento de intelectuais de peso em prol da unificação de todos os povos, além e acima das barreiras nacionais. Esta intenção, que nos faz lembrar o "Tribunal Internacional da Paz" de Russell, não chegou a ser concretizada, devido à erupção da guerra, em agosto. Cf. G. SCHAEDER, "Ein biographisches Abriss", in *Briefwechsel*, pp. 63-64.

14. Parte destas experiências são descritas por Buber em *The Holy Way* e em *My Way to Chassidism*, ambos de 1918. Para uma perspectiva mais ampla sobre a influência do Sionismo e do Hassidismo no desenvolvimento político e filosófico de Buber, veja-se GRETE SCHAEDER, *The Hebrew Humanism of M. Buber*, Detroit, 1973, especialmente pp. 256-268.

15. Cf. carta de Landauer a Buber de 12 de maio de 1916 (carta 306, vol. I, *Briefwechsel*).

fico, radicalmente novo, que é descrito por ele como uma filosofia tanto da comunidade quanto da religião[16]. O fim trágico da revolução na Baviera, em 1919, no qual o seu íntimo amigo Gustav Landauer foi assassinado, leva Buber à convicção de que uma revolução política cuja meta é uma mudança radical e violenta da estrutura do poder não é um meio viável para a conquista do ideal de uma sociedade humana melhor. Muitas vezes, em sua correspondência da época, ele relata a profunda experiência de uma "linha de demarcação", uma linha que cada um deve traçar por si mesmo, de novo, em cada situação, uma linha separando o ideal daquilo que pode de fato ser conseguido dadas as circunstâncias[17]. Não se deve ceder totalmente às pressões da realidade, mas tampouco se deve tentar escapar para o firmamento ilusório dos puros ideais[18]. Um balanceamento deve ser obtido entre os pólos, e somente assim pode-se fundamentar a esperança de uma metamorfose do mundo desesperante do após-guerra.

Buber tem esperança. Ele procura novamente aplicar seus princípios sociais à realidade da época, e concebe um novo e ambicioso plano editorial: um anuário (*Sammelbuch*), ostentando o título *Die Gemeinschaft*, associado a uma revista e a uma série complementar de monografias, todos com a explícita intenção de influenciar ativamente na direção de um novo desenvolvimento da cultura germânica. A tendência do editor procurado por Buber, K. Wolff, é favorável à idéia, assumindo que cons-

---

16. *Briefwechsel*, carta 400 (vol. I) a Rappaport (27 de outubro de 1918), e a carta 17 (vol. II) a Bergman (21 de janeiro de 1919). É claro que o "novo sistema" aqui mencionado é o que finalmente cristalizou-se no *Eu e Tu*. Considerando-se que o desenvolvimento das idéias de Buber a este respeito foi analisado detalhadamente em diversas obras, não voltaremos a discuti-lo aqui. Cf. FLOHR, *op. cit.*, e RIVKA HORWITZ, *Buber's Way to I and Thou*, Heidelberg, 1978.

17. Compare: *Briefwechsel*, cartas 400 (vol. I) a Rappaport (27 de outubro de 1918), 17 (vol. II) a Bergman (21 de janeiro de 1919) e 14 vol. II), a L. Strauss (7 de janeiro de 1919). Veja-se também A. E. SIMON, *A Linha de Demarcação*, Giv'at Haviva, Centro de Estudos Árabes, 1973; em hebraico.

18. Cf. M. BUBER, "Teaching and Deed" (1934), em *Israel and the World. Essays in a Time of Crisis*, New York, 1963, pp. 137-145.

tituir-se-ia na "primeira grande e significativa manifestação" da ideologia de Buber, descrita por Wolff como um "comunismo autônomo e descentralizado". Segundo o editor, o projeto de Buber teria a importante função de oferecer à juventude uma ideologia atraente capaz de servir como alternativa ao bolchevismo, que dominava o panorama político-cultural[19]. Apesar de sua opinião favorável, as precauções de Wolff ditavam-lhe começar somente com o anuário, não se comprometendo com os outros componentes do projeto. Buber rejeita tal oferta, já que concebia o projeto como um todo indivisível, e pensa na possibilidade de fundar a sua própria casa editora para levar a cabo o projeto. Na realidade, porém, o anuário *Die Gemeinschaft* bem como os seus suplementos foram logo esquecidos.

Mesmo um projeto mais limitado, provavelmente concebido para substituir o anterior, não foi completado: a série de folhetos *Palavras à Época* (*Worte an die Zeit*), cuja publicação ficara a cargo da Editora Dreilaender em 1919, e que incluiria títulos como *Jenseits der Politik, Die Problematik der Kultur, Die religioese Kraft, Über den Voelkern, Das Prinzip der Revolution, An die Jugend* etc. Na realidade, somente dois folhetos saíram nessas séries: *Princípios* e *Comunidade* — ambos traduzidos e incluídos aqui. Ambos abordam a noção de comunidade, que desempenha um papel central na definição dos *Princípios*. Buber faz uso das idéias que já haviam sido expressas vinte anos antes em sua "Nova e Antiga Comunidade". Ele ainda se mostra profundamente anticonceptualista, insistindo em que a comunidade deve ser um fim em si mesma e não um instrumento para chegar a outros fins. Mas há também algumas diferenças importantes. Ao contrário do semi-universalismo do seu primeiro ensaio, ele afirma aqui que a "comunidade universal" ou "Humanidade", só pode ser concebida como a unificação de todos os "corpos comunais", que por sua vez, são um produto da unificação orgânica de comunidades (*Gemeinden*), dentro das fronteiras naturais de cada nacionalidade.

---

19. *Briefwechsel*, carta 33 (vol. II), de Wolff a Buber (10 de maio de 1919) e a resposta de Buber, carta 34 (12 de maio de 1919).

Porém, o novo elemento mais em evidência em *Worte an die Zeit* é a presença dominante de temas religiosos. Deus parece ocupar agora o lugar que a Vida ocupara antes. Buber afirma que somente a presença do elemento divino garantirá o estabelecimento da comunidade: "Os homens que desejam comunidade, desejam Deus. Todo desejo de um autêntico relacionamento é dirigido a Deus, e todo anelo por Deus é dirigido a uma comunidade verdadeira". A religiosidade torna-se assim o fulcro do pensamento social de Buber. Hugo Bergman é repreendido por Buber por ousar conceber o religioso meramente como "um conteúdo entre outros"[20]. Quão longe estamos da restrição de "religião" a uma das quarenta monografias da série "Die Gesellschaft!"[21] É claro que, dos três *mottos* usados por Buber no seu ensaio de 1919, *Gemeinschaft* — que parecem simbolizar as três fontes deste conceito para ele (de Toennies, o pensamento sociológico; de Landauer, o socialismo político; e de Tolstoi, o socialismo religioso) — o terceiro é certamente o dominante, nesta fase de sua carreira. Dada esta preponderância do religioso, era de se esperar que as condições para a atualização da "comunidade", seriam por ele definidas em termos da vontade humana de mudar, de um "turno" ou "conversão" (*Gesinnungswandel*), que afastaria os homens dos males da "sociedade" e abriria os seus corações para o advento da comunidade, objetivo que Deus não adiaria por muito tempo, uma vez feita a conversão. Somente tais processos interiores, e não forças externas, trariam a verdadeira "revolução" social. Este é o tipo de esperança que Buber encontra para oferecer à profundamente cética juventude do pós-guerra.

20. *Briefwechsel,* carta 44 (vol. II), de 9 de setembro de 1919.
21. É claro que a atribuição de um importante papel à religião no processo social, não ocorre de repente no pensamento de Buber. Já em 1910, por exemplo, ele sugere que o único defeito num trabalho escrito pelo jovem estudante E. E. Rappaport, sobre *Die Familie als Element der Gemeinschaft,* é a falta de qualquer menção da dimensão religiosa na discussão da matéria. Veja-se *Briefwechsel,* vol. I, cartas 155 (4 de junho de 1910), e 156 (12 de junho de 1910). Sobre a relação entre os conceitos buberianos de religião e religiosidade e os conceitos semelhantes de seus mestres Simmel e Dilthey, veja-se M. M. KAPLAN, "Philosophic and Religious Tradition", in P. SCHILPP and M. FRIEDMAN (orgs.), *The Philosophy of Martin Buber,* La Salle, Illinois, 1967.

As próximas quatro seleções na presente coletânea são estenogramas não publicados de conferências de Buber, preservados no Arquivo Buber, em Jerusalém. É sabido que ele era um conferencista popular, particularmente bem-sucedido com pequenas e íntimas audiências. Nestas conferências, cujo texto foi levemente revisto para evitar excessiva repetição, tem-se a oportunidade de descobrir onde Buber teve dificuldades em formular seu pensamento, e de entrever o processo de reformulação através do qual ele enfatiza suas teses principais, bem como outras facetas de um pensamento "em formação".

Nos anos de 1923 e 1924, Buber fez várias palestras sobre Comunidade, em Zurique, Frankfurt, e outros lugares. A conferência de 1924, "Estado e Comunidade", apresenta-se ainda como uma tentativa de tirar as conclusões que se impunham a partir da análise dos anos tumultuosos da guerra e do pós-guerra. Entretanto, ao contrário de *Worte an die Zeit*, os temas religiosos já não predominam, e o tom dominante não é mais o do pregador esforçando-se por oferecer uma nova esperança ao desesperado. Buber empreende uma cuidadosa e acurada crítica da noção de Estado, que é agora por ele trazida — provavelmente devido às circunstâncias da época — à linha de frente, por primeira vez em sua filosofia social. Apesar de ser um crítico severo da identificação então corrente do Estado centralizado moderno com a "comunidade" e a "nacionalidade", sua atitude em relação ao Estado em si não é inteiramente negativa. Na verdade, ele distingue entre dois tipos de Estado: o Estado que favorece a criação da comunidade, e o Estado que lhe é desfavorável. O primeiro é descentralizado, limitado em seu poder e em suas funções, não tentando intervir no delicado tecido da vida social; o segundo possui as características opostas. Porém, fiel à sua desaprovação de soluções prontas e de generalizações abstratas, Buber insiste que a "linha de demarcação" entre os dois tipos de Estado deve sempre ser retraçada, no aqui e agora de uma situação constantemente mutável. É da responsabilidade de cada indivíduo traçar esta linha e defendê-la contra a destruição das formas de comunidade por um Estado voraz. Somente vivenciando a crise destes remanescentes de vida comunal, poderá o indivíduo realmente entender a verdadeira extensão do perigo a enfrentar, que não é somente devido à pressão externa do Estado, mas também à desintegração das próprias forças que devem manter uma comunidade viva. Somente assim poderá o indivíduo eventualmente chegar à "conversão", que marcaria o início de uma regeneração destas comunidades, e que poria em movimento o que Buber mais tarde chamaria de "a revolução conservadora".

Se o ponto de partida da "revolução conservadora" deve ser uma mudança dentro de cada indivíduo, o meio mais importante para conseguir uma tal revolução deverá ser a educação e não a violência. Quem quer que deseje obter comunidade deve educar para comunidade. E isto requer uma concepção inteiramente nova da educação, argumenta Buber. Este é o tópico central da conferência de 1929, "Educação para Comunidade". Novamente, esta é apenas um pequeno exemplo do gigantesco esforço investido por Buber (na época e posteriormente), não somente na elaboração de uma nova doutrina educacional, mas também na implementação de suas concepções ao nível da escola pública, da secundária, da universidade, e também no seu revolucionário projeto para a educação de adultos. A atuação pedagógica de Buber e suas doutrinas são bem conhecidas[22], e não há necessidade de resumi-las aqui. No concernente à comunidade, ele primeiro denuncia as definições em voga de "educação comunitária", concebida em termos de um adestramento do indivíduo para cumprir seu papel na sociedade, no Estado, no partido, ou em qualquer outra forma de associação social com que venha a se deparar. Para Buber, isto nada tem a ver com o seu próprio conceito de comunidade, e conduz na verdade à sua antítese. A educação para comunidade, no sentido buberiano, requer uma relação genuína Eu-Tu entre discípulo e discípulo, como também entre mestre e discípulo, e isto só pode ser obtido não por meio de uma

---

22. Cf. RITA VAN DEN SANDT, *M. Bubers Bildnerische Taetigkeit zwischen den beiden Weltkriegen*, 1977; A. E. SIMON, "Martin Buber the Educator", in *The Philosophy of M. Buber, op. cit.*; e Z. KURTZWEILL, *Martin Buber e o Moderno Pensamento Educacional*, Tel Aviv, 1978; em hebraico. Consulte-se também G. SCHAEDER, "Ein biographrischer Abriss", em *Briefwechsel*, pp. 70 e ss.

teorização ou pregação, mas pela transformação da própria escola num verdadeiro ninho de comunitariedade[23].

"Indivíduo e Pessoa — Massa e Comunidade", uma conferência pronunciada em 1931, na Stuttgart Lehrhaus Schieker, é talvez o texto mais filosófico da presente coletânea. E é razoável conjeturar-se que é seguindo as linhas traçadas neste texto que Buber teria escrito o que deveria constituir-se no quarto volume de uma série de obras, das quais *Eu e Tu* foi a primeira: o título projetado para este quarto volume era *A Pessoa e a Comunidade*[24]. Buber aqui procura penetrar mais a fundo na questão do estatuto ontológico de seus conceitos sociais fundamentais. "Comunidade" e "personalidade" são vistos como conceitos polares, e são definidos um em função do outro. Uma comunidade real é uma associação orgânica de personalidades, mas uma personalidade somente pode ser "definida por seu relacionamento com o Outro", dentro de uma comunidade. Uma personalidade é assim orientada para o próximo, sendo inerentemente antiegoísta, e constituindo-se na verdade na única entidade inteiramente capaz de assumir a responsabilidade por suas ações. Um "indivíduo", pelo contrário, é dono de uma mera liberdade, *i.e.*, da ausência de direção e função, como a "partícula" viva do coração de um embrião que Buber observara através de um microscópio. As "massas" são agregados amorfos de tais "indivíduos", e deixam pouco lugar, ou mesmo nenhum, ao desenvolvimento e à verdadeira preservação de genuínas personalidades. A experiência de Buber com o que estava acontecendo nas ruas das cidades alemãs, com o surgimento do nazismo, não é alheia às suas reflexões sobre o tema, o que o faz tentar chegar a conclusões práticas a partir de sua análise teórica. Porém, provavelmente ainda sob a influência de uma experiência de

---

23. Em 1910, G. Landauer escreveu uma carta a Buber (carta 144, vol. I, *Briefwechsel*, 4 de janeiro de 1910), sobre um grupo chamado "Gemeinschaft", cuja finalidade era a de criar comunidades de estudantes ou alunos, independentes da influência da Igreja ou do Estado, com o intuito de dar aos pais o direito à autodeterminação de seus filhos. Buber aprova a idéia, mas declara não dispor de tempo para cooperar.

24. Cf. a carta a F. Rosenzweig de 14 de setembro de 1922, citada em RIVKA HORWITZ, *Buber's Way to I and Thou*, p. 228.

juventude reportada nos "Elementos do Inter-humano"[25], Buber proclama a sua crença na possibilidade de que, mesmo no seio de uma coisa tão amorfa e destruidora de personalidades como as massas, a comunidade pode surgir, desde que o homem "encare as massas com devoção", levando em consideração "seriamente" o fato que elas são também, no fim das contas, compostas por homens vivos. Aqui detectamos não tanto um otimismo ingênuo e uma eventual cegueira às desastrosas potencialidades do nazismo, mas sim o eco de uma convicção muito anterior: a crença na existência de comunidade de "homens que nunca se viram dantes", que pode vir a existir como resultado da revelação de um olhar inesperado.

A imigração de Buber para a Palestina, em 1938, foi interpretada por alguns de seus correspondentes como uma sorte de redenção pessoal, não só no sentido de escapar do inferno nazista, mas também como uma forma de alojar-se no seio de uma comunidade, pela qual ele se preocupava e que se preocupava por ele[26]. A verdade, porém, é que Buber permaneceu isolado em seu novo hábitat. Ele era incapaz de exprimir-se adequadamente no idioma hebraico; não lhe foi permitido — por pressão dos círculos ortodoxos — ensinar a sua famosa especialidade, a filsofia da religião; suas posições políticas em favor de um Estado binacional foram consideradas como uma quase-traição por um amplo setor da população judaica; etc. Isto e mais: o conhecimento direto por ele travado com o *kibutz* o levou por fim a uma avaliação cada vez mais pessimista das possibilidades deste tipo de colonização — tão encomiado e prezado por ele — de tornar-se um verdadeiro e vivo exemplo de comunidade. Não é de admirar, pois, que tão logo desaparecessem os primeiros efeitos da guerra, Buber tenha aceitado, entusiasticamente, os convites recebidos para um ciclo de confe-

---

25. Quando participava de uma manifestação, o olhar de Buber subitamente encontra-se com o de um ator pouco conhecido, sentado num bar, e isto levou-o a sentir-se totalmente desligado da massa humana à qual ele até então pertencera (relatado em "Elementos do Inter-humano", *Besod Siach*, Jerusalém, 1963, p. 215; em hebraico).

26. Isto é magistralmente expresso por H. Hesse, em sua carta a Buber de 2 de fevereiro de 1938 (*Briefwechsel*, vol. II, carta 593).

rências no exterior, principalmente nos Estados europeus neutros. O último texto da presente coletânea é uma destas palestras, proferida na sua primeira excursão a uma Europa ainda visivelmente abalada pela guerra. Buber encontrou de novo seu velho amigo e admirador, o psicoterapeuta Hans Trueb e seu grupo, sendo tomado por uma verdadeira sensação de retorno ao lar. Depois de relatar parte de suas próprias dificuldades na Palestina, Buber retoma um de seus tópicos favoritos, *i. e.*, a importância de uma distinção precisa entre pessoa e comunidade, por um lado, e indivíduo e massa, por outro. Mas agora ele alveja com suas setas tanto o coletivismo quanto o individualismo — as duas formas de organização social emergentes com extremo vigor no pós-guerra. Ambos são, para Buber, "ficções" ou "ilusões", e o dilema "ou individualismo" ou "coletivismo" nada mais é que um falso dilema. Buber, agora como dantes, resiste à tentação de propor como alternativa um terceiro "-ismo", que seria igualmente ilusório, e em lugar disto, encerra a sua palestra com uma apologia do diálogo.

Marcelo Dascal e
Oscar Zimmermann

1. NOVA E ANTIGA COMUNIDADE

Quando algo novo aparece entre pessoas apaticamente acomodadas, algo de graves conseqüências para o futuro, e de natureza desconhecida, algo para o qual estas pessoas ainda não possuem nome ou classificação e que contrasta com aquilo a que chamam "vida" — com grande poder e beleza como se fora a verdadeira vida —, então geralmente sua desconfiança hostil se externa através da pergunta: que finalidade tem isto? E normalmente este algo novo, quando quer responder esta questão, torna-se incapaz de fazê-lo. De fato, o criativo, aquele que gera novos mundos, não sabe o que fazer com antigas finalidades e antigas linguagens utilitaristas, pois há algo nele que transcende a toda finalidade. No entanto, se respondesse à pergunta: qual a sua finalidade? — diria aquilo que à toda grande arte cabe responder: si-mesmo e a vida. É esta a nossa resposta à pergunta de muitos: Que finalidade tem a nova comunidade? — si-mesma e a Vida.

A nova comunidade tem como finalidade a própria comunidade. Isto, porém, é a interação viva de homens íntegros e de boa têmpera na qual dar é tão abençoado como tomar, uma vez que ambos são um mesmo movimento, visto ora da perspectiva daquele que move, ora daquele que é movido. Que homens maduros, já possuídos por uma serena ·plenitude, sintam que não podem crescer e viver de outro modo, exceto entrando como membros em tal fluxo de doação e entrega criativa, que eles se reúnam, então, e se deixem cingir as mãos por um e mesmo laço, por causa da liberdade *maior,* eis o que é comunidade, eis o que desejamos.

E a nova comunidade tem como finalidade a Vida. Não esta vida ou aquela, vidas dominadas, em última análise, por delimitações injustificáveis, mas a vida que liberta de limites e conceitos, pois conceitos são curiosas andas para pessoas cujos pés não suportam a terra por ser demasiada áspera e selvagem; entretanto, aquele que conseguiu situar-se na própria vida, aquele que aprendeu a falar a linguagem da ação, festejará sorridente sua libertação da rigidez escravizante do pensamento, e após longo afastamento, a reunificação de suas forças na unidade da vida. Na verdade, há também em homens individuais comunidade e harmonia de contradições que existem lado a lado.

Para nós, porém, que queremos criar a comunidade e elevar a Vida, comunidade e Vida são uma só coisa. A comunidade que imaginamos é somente uma expressão de transbordante anseio pela Vida em sua totalidade. Toda Vida nasce de comunidades e aspira a comunidades. A comunidade é fim e fonte de Vida. Nossos sentimentos de vida, os que nos mostram o parentesco e a comunidade de toda a vida do mundo, não podem ser exercitados totalmente a não ser em comunidade. E, em uma comunidade pura nada podemos criar que não intensifique o poder, o sentido e o valor da Vida. Vida e comunidade são os dois lados de um mesmo ser. E temos o privilégio de tomar e oferecer a ambos de modo claro: vida por anseio à vida, comunidade por anseio à comunidade.

Isso nos distingue de duas formas antigas de comunidade: a econômica e a religiosa. A comunidade econômica, seja denominada *gens,* corporação ou associação, procura sempre as vantagens da própria comunidade; e mesmo que indivíduos sejam movidos por idéias de desenvolvimento, o grupo não busca outra coisa senão vantagens. E a seita busca o Deus das seitas; embora Deus possa representar para os indivíduos o sentido do mundo e o eterno ideal para a seita, Ele nada mais é do que as vantagens do sobrenatural. Toda comunidade antiga está sujeita ao utilitário; toda comunidade antiga quer somente ser uma onda no fluxo humano que visa vantagens, proveito. Nós, ainda, preferimos, qual riacho belo e selvagem, nos lançar da montanha para o vale e desperdiçar nossa energia a nos deixar levar e *usar* a energia de outrem. Vimos que os feitos dos homens são dominados pelo proveito assim como sua moral, a qual pretende subjugar os instintos de auto-afirmação e para isso anuncia o interesse dos outros como os únicos válidos e proclama todas as normas de sua comunidade. E reconhecemos que tudo o que é poderoso e transformador, tudo o que gerou novas semeaduras e que extraiu fogo solar das pedras não procurou proveito, mas desejou criar; não pensou em vantagens mas na beleza da obra. Se disso resultou algo proveitoso, então, foi como extrair o suco saudável do fruto de uma planta; foi isso vontade da planta que deixou confluir sua força e seu amor na realização da sua Vida? Reconhecemos que tudo aquilo que é completo e vivo transcende o proveitoso e tudo o que é pequeno e apático deriva do utilitário e do desejo de vantagens; e de nós que amamos a Vida se apoderaram repugnância e nostalgia. Deste modo, seria nossa vontade construir um mundo isento de interesses. E se alguém nos aborda com o antigo e corajoso ditado: "a natureza humana não se deixa mudar", podemos rir do ditado e ir adiante, pois mesmo que fosse verdadeiro, isto é, que tivesse tido valor no passado, atingiria tão pouco nossa ação como qualquer outra abstração de eventos passados. Em todos os tempos um novo começo despertou abstrações desalentadas e quando se tornou ação as desmentiu e as aniquilou. Porém, se alguém nos aborda com o sábio ensinamento: "tudo o que é humano tem sua origem fundamentalmente no proveito", então podemos tranqüilamente rir desta doutrina, assim como de toda teoria, pois, mesmo que fosse verdade (ela não é), não nos importaríamos com o "de onde" só com o "para onde". Nossa verdade e nosso poder provêm do "para onde" e não do "de onde".

Outro aspecto que nos distingue de antigas comunidades é o fato de não levarmos em consideração o ditado e a teoria. Elas são reunidas ou por uma palavra que logo deixam se cristalizar em dogma, ou através de uma opinião que nelas logo se transforma em leis obrigatórias. Ao contrário, nós somos unidos por uma necessidade de vida que liga homens de nosso tempo, e a diversidade de opiniões nos é tão cara e valiosa como para as coisas o é a variedade das formas e das cores. Aqueles instituem na comunidade coerção, nós instituímos nela a maior liberdade. Não queremos outra certeza comum senão a mais valiosa de todas, a certeza da obra. Não queremos outra verdade comum senão aquela da palavra de Goethe: "só o que é fértil é verdadeiro". Nós estamos na Vida, isto é, além do dogma, seja o dogma afirmativo, seja o negativo, para além das palavras de fé que iludem a Vida. Substituímos o dogma pela revelação pessoal de vida de cada indivíduo que é mais verdadeira do que ele, porque é vivida uma vez enquanto o dogma nunca o é. Substituímos as palavras da fé e do conhecimento pela palavra da arte; esta confere a essência do mundo em toda sua infinitude, enquanto as palavras da fé e do conhecimento não passam de remodelação de uma pequena parte do mundo. Porém, pelo fato de não estarmos unidos por alguma concepção comum, mas por uma vivência comum, e porque esta vivência surge em muitos homens atualmente, por isso mesmo muitos destes que nós nunca vimos e dos quais sabemos tão pouco e que de nós tão pouco sabem, estão vinculados mais profunda e completamente a nós do que alguns que vemos todo dia, mesmo que partilhem nossa opinião sobre isto ou aquilo, enquanto que os primeiros possuem outros horizontes e pensamentos. Esta rara e decisiva vivência é aquela que Gustav Landauer descreveu nas seguintes palavras: "Quando nós nos isolamos profundamente, quando, como indivíduos, mergulhamos profundamente em nós mesmos, então, por fim, encontramos no âmago de nosso mais secreto ser a mais antiga e universal comunidade: com o gênero humano e com o cosmos". Nossa nova união não é outra coisa senão expressão viva de nosso sentimento desta comunidade mais ampla. Nossa vida se consome em lutas e dúvidas; nas horas silenciosas e solitárias, todos os nossos esforços nos parecem sem sentido e ponte nenhuma parece conduzir de nosso ser ao grande Tu que sentimos estender-se até a infinita escuridão em torno de nós. Então surgiu esta vivência como misteriosa festa de núpcias, e fomos libertados de todas as barreiras e encontramos o inefável sentido da vida. Destas vivências de alguns homens, surgiu uma Nova Comunidade como fruto e confirmação destas vivências. Muitos outros a vivenciaram e, em horas de consagração e no sentimento de coessensialidade e de venturosa fusão com todas as coisas no espaço e no tempo, muitos se uniram numa cristalização do momento em uma breve comunidade solene. Alguns, no entanto, quiseram viver o ideal — o desenvolvimento da maior individualidade a partir da mais íntima comunhão. Eu creio: eles *poderão* vivê-lo. No ideal, todavia, eles viverão ao mesmo tempo o sentido da vida humana, o livre crescimento e a criação da personalidade, o sentido do universo, a infinita unidade do devir. Na verdade "solidão é finitude e limitação, comunhão é liberdade e infinitude". Assim o indivíduo encontra a natureza na qual ele brincou como criança de modo irrefletido, na mais pura alegria, e da qual se distanciou para voltar sobre si mesmo, em forma humana e em estágio mais avançado do desenvolvimento, de modo que ela lhe proporcione a realização de sua mais íntima essência.

O gênero humano experimenta o mesmo desenvolvimento de comunidade para comunidade. Isto se nos impõe quando procuramos responder à pergunta: como a Nova Comunidade se relaciona com a sociedade contemporânea que por sua vez nasceu de uma comunidade?

Em conhecida obra sociológica, a comunidade "cujo regulador originário foi o instinto natural" é definida em sua essência como pré-social "enquanto a sociedade que deriva suas regras de forma de vida em comum, como de uma convenção *externa*, mesmo que seja rudimentar, é chamada com todo direito uma formação *social*". Tudo isto são meras palavras. Se levarmos esta linguagem em consideração, então, nesse sentido seremos anti-sociais. Em outra obra afirma-se que "a vida social é a vida em comum de homens regulamentada de fora". Quem nos compreende perceberá o que existe entre esta assim denominada "vida social" e a nossa Vida. Aquilo a que aspiramos não é regulamentação externa, mas formação interna. A forma de vida humana em comum não pode ser imposta de fora sobre grupos humanos ativos; ela deve emergir do interior em cada tempo e lugar. Somente quando o alegre ritmo da vida vencer a regra, somente quando a eternamente fluente e variável lei interna da Vida substituir a convenção morta, a humanidade estará livre da coerção do vazio e do falso, só então encontrará a verdade, pois "só o que é fértil é verdadeiro". A Nova Comunidade quer preparar ativamente o caminho para esta verdade.

Porque ela quer isso, porque ela quer dar o exemplo de novas formas de vida em comum para a humanidade, por isso ela refuta com a imediatez cristalina da ação aquela teoria segundo a qual a comunidade seria essencialmente pré-social. Nossa comunidade deve, antes, ser caracterizada como *pós-social*, uma vez que ela ultrapassa a sociedade e suas normas, e se sustenta sobre bases completamente diversas. Ela não quer reformar; a ela importa transformar. Porém, mesmo isso ela não quer realizar através de algum tipo de influência sobre o existente, pois ela quer *viver*. Já nos falaram por longo tempo que não se pode construir sem antes ter destruído. Agora entendemos que isso é radicalmente falso. Há ainda lugar vago na terra para novas moradias e novos santuários. Não queremos instalar nosso mundo no torvelinho das cidades onde, se se quiser construir casas, deve-se antes demolir velhos rebotalhos; queremos ir bem longe, a uma terra calma e acolhedora, queremos procurar um solo forte e virgem, de modo que o amor livre da natureza florescente e o perfume fortificante da terra suculenta circunde nossa casa. *Lá* podemos construir sem precisar destruir antes, crendo calma e firmemente que, enquanto houver homens que queiram construir, haverá lugar livre para fazê-lo — não importa de que maneira este lugar for liberado. Deste modo, nossa comunidade não *quer* revolução, ela *é* revolução. Ela ultrapassou, porém, o antigo sentido negativo de revolução. Para nós, revolução não significa destruir coisas antigas, mas viver coisas novas. Não estamos ávidos por destruir mas ansiosos por criar. Nossa revolução significa que criamos uma nova vida em pequenos círculos e em comunidades puras. Uma vida na qual o poder criador arde e palpita de tal modo que ela se torna uma obra de arte tão resplandecente na forma e tão sonora em harmonia, tão rica em seu doce e secreto poder mágico como nenhuma vida anterior; a nova arte que cria a totalidade da totalidade oferece a cada dia uma festiva consagração divina. Nesta nova vida homens que, pela especialização da sociedade contemporânea, se tenham tornado órgãos com uma função estritamente bem definida e que, para poderem viver, devem conformar-se com esta função, serão novamente homens capazes de haurir da plenitude. Tais homens não se associarão mais como antes, pelo fato de homens especializados dependerem mutuamente um dos outros, mas se encontrarão por amor, por anseio-de-comunidade e por pródiga virtude.

Os homens que na atual sociedade foram atirados em uma engrenagem movida pelo proveito, de modo o atrofiar sua criatividade livre sob o jugo do trabalho que visa o proveito, serão, nesta nova vida, elevados à nova ordem de coisas, onde reina não o princípio utilitário, mas o princípio criador e libertador de suas forças subjugadas. Nesta nova vida renascerá, não só a pluricomunidade numa forma ainda mais nova, mais nobre e pura, mas também, e, através dela, e nela, a bicomunidade; e a solidão das mais calmas horas de contemplação e de criação recobrará um novo e mais rico colorido. Cada um viverá ao mesmo tempo, em si-mesmo e em todos.

Assim a humanidade que teve sua origem em uma comunidade primitiva obscura e sem beleza e passou pela crescente escravidão da "sociedade", chegará a uma nova comunidade que, diferentemente da primeira, não terá mais como base laços de sangue, mas laços de escolha. Somente nela pode o antigo e eternamente novo sonho se realizar. E mais, a unidade instrutiva de vida do homem primitivo que foi dividida e decomposta, durante tanto tempo, voltará sob novas formas em um nível superior e sob a luz de uma consciência criadora e, assim, a nova comunidade será fundada ao mesmo tempo entre os homens e no indivíduo.

2. PREFÁCIO À COLEÇÃO: "DIE GESELLSCHAFT"

O problema tratado pela coleção é o do inter-humano. Seu conteúdo consiste em todas as formas, estruturas e ações da vida comunitária dos homens. A perspectiva que atua nela é a psicossocial.

O inter-humano é aquilo que acontece entre homens, em que estes tomam parte como em um processo impessoal, aquilo que o indivíduo vivencia como seu agente e paciente da ação; não se restringe, porém, exclusivamente a isto.

O inter-humano só pode ser concebido e analisado como síntese do agir e do suportar a ação de dois ou mais homens. Este fazer e sofrer se entrelaçam mutuamente e encontram um no outro oposição e equilíbrio. Dois ou mais homens vivem mutuamente, isto é, se defrontam em relação recíproca, em ação recíproca. Cada relação, cada ação recíprocas entre eles podem ser denominadas sociedade. A função da sociedade é o social ou, mais concretamente, o inter-humano.

O que um homem pode conceber e definir como seu círculo existencial, sem precisar postular a existência de outros seres que têm fim em si mesmos, é o humano em si ou o individual. É esta a função do indivíduo. O problema do inter-humano repousa sobre a existência de diversos seres individuais que têm um fim em si, vivem comunitariamente e agem uns sobre os outros. O problema não retoma o fato da individualização — da existência de seres individuais de características diferentes — ele não a coloca novamente como problema, mas a aceita como tal e se constrói a partir dela.

O inter-humano se manifesta em determinadas formas e gera determinadas estruturas. As suas formas são a dominação e a subserviência, a cooperação e a contra-cooperação, os grupos, os estratos, as classes, as organizações, todas as formas de associações, naturais e normativas, econômicas e culturais. As estruturas do inter-humano são as manifestações objetivas da coletividade humana, os valores, os elementos de mediação espiritual e econômica, os responsáveis reais da produção, as criações comunitárias da cultura, todos os produtos da associação. As formas e as estruturas compõem a estática do inter-humano. Aí não são incluídas as ações, mutações e revoluções da vida social — que aliás constituem a dinâmica do inter-humano — representáveis numa justaposição momentânea, mas sim as que se desenvolvem no tempo.

A sociologia é a ciência das formas do inter-humano. Suas estruturas serão tratadas pela Ética, pela Economia Nacional, pela Teoria do Estado, pela Filosofia do Direito etc. As ações do inter-humano são objeto da História: da História Econômica, da História Social, da História da Cultura.

Todas estas disciplinas não podem prescindir do psicológico, se não quiserem desligar-se completamente das raízes da vida vivida; fora de sua esfera se erige o problema propriamente psicológico que exige consideração e tratamento específicos. Formas sociais, estruturas e ações, são expressão e origem de processos espirituais e, neste âmbito, devem ser examinadas. Se se permanece em sua imagem externa, em sua estrutura, em seus contextos, em sua causalidade, a essência da sociedade permanece inexplorada. Somente quando a compreendemos como vivência de almas, avançamos para a sua essência.

O social se forma por percepções e manifestações da vontade e desperta novas percepções e manifestações da vontade. Ele se passa em círculos espirituais e, tendo em vista seu sentido, não é nada senão alma. O que acontece entre homens, acontece entre elementos psíquicos complexos e só assim é compreensível. As formas sociais têm seu sentido último no fato de que elas distinguem as almas humanas uma das outras e as tornam semelhantes entre si. As estruturas sociais são igualmente acumulações de força espiritual de muitos homens que se encarnam em muitas almas e se transformam nelas em conteúdo pessoal. As ações sociais são essencialmente transformações da vida espiritual em ritmo, tempo e intensidade de manifestação. Deste modo, o problema do inter-humano é, no fundo, o problema psicossocial, seu objeto é o social, visto como processo psíquico.

Qual é o sujeito deste processo? Onde está o eu que o vivencia? Onde repousa o direito de separá-lo do âmbito da psicologia individual?

Certamente não existe uma alma social que se coloca acima da alma individual. É evidente que o psicossocial também acontece nos complexos psíquicos, os chamados individuais. Para justificar este fato diante do direito de demarcação especial, costuma-se acentuar um momento genético ou metodológico, a saber, que os fenômenos psíquicos, aqui considerados, só são possíveis na medida em que o indivíduo se encontra em estado de socialização e, que estes fenômenos só podem ser considerados neste estado. Mais significativo ainda é outro ponto. Sem dúvida, o processo psicossocial se efetua em seres individuais, mas não o processo todo em cada ser individual. Ele não se compõe de muitos eventos do mesmo tipo, dos quais cada um teria uma alma humana como sujeito. Ao contrário, ele se constitui de eventos de vários tipos, os quais conjuntamente o constituem como tal, dos quais relação, intercâmbio, e comunidade é o inter-humano. O indivíduo vivencia em si não algo como um exemplar, mas uma parte do processo. Freqüentemente esta relação fundamental é ofuscada de modo que esta multiplicidade será representada não por indivíduos mas de novo por grupos no seio dos quais reina, para uma observação mais apurada, uma diferenciação nova e mais sutil. Às vezes isso é quase imperceptível, como em certos fenômenos de massa. Em relações duais, como, por exemplo, na relação homem-mulher, o fato é bem evidente. Isto constitui mais do que qualquer outro momento a autojustificação do âmbito do inter-humano.

O problema psicossocial pode ser tratado e observado de duas maneiras distintas. De um lado representa as diversas formas básicas do processo psicossocial, isto é, para se empregar uma classificação comum, as representações sociais, os sentimentos e os desejos devem ser ordenados e analisados sistematicamente. A psicologia social, a que se chega por esta via, pode, naturalmente, ser obra de um indivíduo apenas. De outro lado, então, as diversas formas, estruturas e ações do inter-humano devem ser apresentadas e nelas todas deve ser evidenciada a essência do processo psicossocial. Por pertencer aos mais diversos setores da vida, a coleção em colaboração se oferece para sua apresentação geral de forma adequada. Se lograr êxito, ela pode, sem dúvida, valer como um trabalho preparatório para uma psicologia social a ser escrita.

3. PALAVRAS À ÉPOCA

Primeira Parte: "PRINCÍPIOS"

O homem é a criatura na qual a imagem divina da existência universal é realizada não simplesmente como sonho, do mesmo modo que em outras criaturas, mas como dons naturais que ele ambiciona desenvolver. A forma pela qual é capaz de desenvolver em si mesmo a existência universal é o vínculo total. A imagem, a "filialidade" se efetivam no homem que realiza em sua essência e em sua vida o vínculo total; este homem se tornou "filho de Deus". Todos os homens são iguais nesta possibilidade que se abre, sem cessar, por ocasião de cada nascimento humano; eles são livres na sua realização. O elemento materno do vínculo total é a terra; a forma originária de sua atuação é o trabalho; a forma espiritual de sua atuação é a ajuda; sua fala, o espírito; sua construção, a comunidade.

A terra, bem natural e dádiva original, é propriedade de Deus, e, portanto, propriedade comum a todos. Nenhum indivíduo pode legitimamente tê-la como propriedade, nenhum direito de divisão e de medida pode impor-se sobre ela; ela pode ser possuída somente como concessão da comunidade à pessoa.

O trabalho, ação estimulante e formadora do homem sobre a terra e seus tesouros, é culto à propriedade de Deus. O trabalho conserva este seu sentido e sua consagração somente quando o homem, como em todo culto autêntico a Deus, o realiza não só através de algumas funções de seu corpo, mas com todo o seu ser e sua vontade essencial. Qualquer outro tipo de trabalho existe apenas como justo sacrifício exigido pela comunidade; imposto por forças especiais significa mau uso da santidade.

A ajuda, ação generosa e apaziguadora do homem com as criaturas e particularmente nobre e construtiva para com os homens, é a representação de Deus através de nós, é a administração da função divina. O ajudante permanece sempre no lugar de Deus, a criação se repete em seu ato: mão prestativa que concede existência ao possível. Aplicada ao homem, a ajuda apenas começou enquanto significa somente a satisfação de uma necessidade e não também sua intensificação e elevação. O autêntico ajudante educa visando necessidades elevadas e a consciência da mais íntima fragilidade e do mais íntimo mandamento, tendo em vista o anseio de perfeição. Toda ajuda verdadeira é educação e toda educação autêntica é ajuda para a autodescoberta e para o autodesenvolvimento. A plenitude da verdadeira ajuda é o sinal da liderança como desígnio de Deus. A comunidade pode ser governada somente por Deus e dirigida somente pelo portador de sua ordem, pelos ajudantes mais solícitos e mais capazes para a ajuda.

O espírito é a saudação do homem a Deus. Sua origem é sempre o sentimento essencial do vínculo total. Somente a partir do segredo da grande solidão, da transbordante unidade noturna com a vida de todos os mortos, da união com o mundo, necessária pela sua inerência espacial, o homem se dirige ao Absoluto, trabalha o espírito. Onde não existe isso, só pode estar agindo uma aparência de espírito, um não-espírito. Todo espírito autêntico anseia por religião, não por sentenças de fé ou receitas, mas por uma saudação comum a Deus por homens que nesta saudação encontram-se e salvam-se mutuamente. Todo espírito autêntico quer inserir-se na comunidade; não na confusão ordenada, seja estatal, seja eclesiástica, dos contemporâneos, mas na construção da verdadeira vida comunitária fundada sobre a terra comum de Deus por um trabalho santificado, por uma santa esperança e por um santo espírito. Todo espírito autêntico trabalha o futuro absoluto; é pressentimento, proclamação, preparação; revela o domínio puro do incondicionado no confuso presente. Por isso, assim como a religião, a comunidade, se não quiser cristalizar-se deve aprofundar-se incessantemente na renovação do espírito.

A comunidade é união de homens em nome de Deus numa instância viva de sua realização. Tal união pode efetivar-se somente quando homens se aproximam uns dos outros e se encontram de modo imediato, na imediaticidade de seu dar e de seu receber. Esta imediaticidade existe entre os homens quando são retirados os véus de uma conceitualidade ditada pela procura de proveito, véus que não permitem ao indivíduo manifestar-se como pessoa mas como membro de uma espécie, como cidadão, como membro de uma classe; a imediaticidade existe quando eles se encontram como únicos e responsáveis por tudo. Só então pode haver abertura, participação, ajuda. Quanto mais pura a imediaticidade, tanto mais autenticamente pode a comunidade realizar-se. A comunidade pode, a partir da relação entre duas ou algumas pessoas, tornar-se o fundamento da vida em comum de muitas pessoas. Mesmo assim, contudo, lhe são colocados limites espaciais cuja ultrapassagem representa o início da diluição do conteúdo da imediaticidade: a forma legítima da comunidade como construção social é a comunidade concreta. Se a união entre os homens acontece sob o signo da terra, surge a comunidade de vila que administra o solo comum; se a união acontece sob o signo do trabalho, surge a cooperativa que se dedica à obra comum; se a união acontece sob o signo da ajuda, surge a camaradagem que aspira em comum à realização pela educação mútua; se a união acontece sob o signo do espírito, surge a fraternidade que invoca em comum o Absoluto, o proclama e o celebra. Estas quatro espécies de comunidade e seus tipos correspondentes de liderança podem fundir-se e articular-se de diversas maneiras.

O sistema comunitário é a legítima união de uma pluralidade de comunidades concretas de todo tipo, assim como a comunidade concreta é a legítima união de uma pluralidade de homens e se forma pelas mesmas leis do encontro mútuo em nome de Deus, da imediaticidade, da ajuda e da liderança; as comunidades concretas se relacionam do mesmo modo que seus membros o fazem. Elas são as células com as quais se constrói o organismo do sistema comunitário. Uma grande associação de homens pode considerar-se um organismo e ser denominada sistema comunitário somente se e enquanto for construída com aquelas células vivas e formadas com a imediaticidade da vida em comum. Se elas morrem, a associação se mecanizará em Estado, sucedâneo da comunidade, que se mantém pela força. Com o crescimento do exclusivismo do Estado, aumentará necessariamente a distância entre Deus e os homens e a aversão do homem por Deus; então, sua união em nome de Deus em um lugar vivo de sua realização será reprimida e substituída por uma união sem vida e sem Deus. Enquanto o Estado, por sua própria essência, desconhece qualquer limite que lhe seja imposto, e por isso, somente é impedido de violar outros Estados pelo temor da força destes, o sistema comunitário tem limites para além dos quais a união de comunidades não pode realizar-se. O mais importante destes limites é dado através da raça, vale dizer, através do caráter comum do tipo de alma e de forma de vida que facilitam uma união mais estreita.

A legítima união de sistemas comunitários deve ser chamada humanidade. Ela pode ser estabelecida somente quando os homens forem reunidos em comunidades concretas e estas em sistemas comunitários e estes se reunirem uns aos outros. Segundo as mesmas leis, de modo imediato, sem os véus de uma conceitualidade ditada pela procura de proveito, a partir do desejo de se ajudarem mutuamente para o aperfeiçoamento em nome de Deus. Assim, nenhum outro caminho leva a esta realização a não ser a construção de verdadeiros sistemas comunitários, e através disso, a exaltação do nome de Deus acima dos povos.

O nome de Deus é hoje novamente desconhecido e selado. Somente a ação pode desvendá-lo.

Segunda Parte: "COMUNIDADE"

> E desde que a cultura toda transformou-se em civilização societária e estatal, a própria cultura, nesta sua forma transformada, chega ao fim; a não ser que suas sementes esparsas permaneçam vivas e a essência e as idéias de comunidade sejam realimentadas e se desenvolvam, secretamente, no seio da cultura.
>
> TOENNIES, *Comunidade e Sociedade*.

> Socialismo é um retorno; socialismo é um novo começo; socialismo é um novo vínculo com a natureza, uma nova realização com o Espírito, uma recuperação da relação... Os socialistas querem reencontrar-se novamente em comunidades.
>
> LANDAUER, *Apelo ao Socialismo*.

> Há um só meio: a transformação religiosa da alma humana.
>
> TOLSTOI, *Diário*, 21.3.1898.

Afirmar que a moderna cultura ocidental percorreu um caminho da comunidade à sociedade, e que o tipo mecânico de vida em comum impregnou e dissolveu o tipo orgânico, representa a mais moderna compreensão da nova sociologia, entendida como um autoconhecimento genético da humanidade contemporânea[1]. A comunidade é a expressão e o desenvolvimento da vontade original, naturalmente homogênea, portadora de vínculo, representando a totalidade do homem. A sociedade é a expressão do desejo diferenciado em tirar vantagens, gerado por pensamento isolado da totalidade. Sobre a primeira, consta em uma descrição da era correspondente da cultura chinesa o seguinte: "naquele tempo nada foi feito assim, tudo era assim"; sobre a segunda: "dominado o impulso da natureza, entrega-se à razão. Razão trocou-se com razão, porém não se pode mais levar o império à forma". Comunidade é a ligação que se desenvolveu mantida internamente por propriedade comum (sobretudo de terra), por trabalho comum, costumes comuns, fé comum; sociedade é a separação ordenada, mantida externamente por coação, por contrato, convenção, opinião pública. "Os homens eram um com sua espécie" e "então, veio a confusão entre os homens" — assim diz a descrição chinesa das duas eras. A cidade medieval é a forma representativa da comunidade, a grande cidade moderna é a forma representativa da sociedade. A primeira — a comunidade — é a tentativa monumental, desenvolvida à maneira de uma catedral, de

organizar uma associação estreita para ajuda e assistência mútuas, para o consumo e produção e para toda vida social, sem impor ao homem as algemas do Estado, mas sob a total proteção da liberdade para a expressão do espírito criador de cada grupo particular de indivíduos (Kropotkin).

A segunda — a sociedade — é uma unidade organizada com aparência mecânica, mas que é, na realidade, uma massa

de pessoas livres, que entram, sem cessar, em contato direto umas com as outras, que efetuam trocas e trabalhos, sem que se forme entre elas a comunidade ou a vontade comunitária, a não ser esporadicamente ou como resíduos das condições passadas que ainda são básicas (Toennies).

Aqui aparece, através de terríveis sinais, a dissolução da comunidade pela sociedade; segundo o ditado chinês,

1. A formulação básica desta compreensão é apresentada na obra de FERDINAND TOENNIES, *Comunidade e Sociedade*, 1887.

manifesta-se fatalmente a decomposição do "caminho" pelo "mundo".

Neste momento intervém, em sua forma dominante, o socialismo moderno que pretende vencer a atomização e a amorfização da vida contemporânea de modo a proporcionar ao mecanismo do Estado um poder abrangente que regula e dirige, de maneira uniforme, tanto o trabalho como o comércio. Este socialismo se considera o portador e o executor de um processo de desenvolvimento que, todavia, não é outro senão o processo de desenvolvimento da comunidade à sociedade que ele vem promover e concluir. Pois aquilo que ainda hoje subsiste da autonomia da esfera orgânica da vontade deve ser eliminado sob a ação desta tendência. Com o mal da atomização uma vez plenamente realizada, seria do mesmo modo também abolido o bem da "comunitariedade" (*Gemeinschaftlichkeit*) espontânea que ainda perdura em instâncias isoladas. Não se trata de um erro ou um engano; é a lógica imanente de uma ideologia histórica. Na verdade, esta deseja reconstruir a sociedade segundo o preceito da justiça, mas o preceito espiritual, em virtude do poder total do Estado, se tornaria a lei que controlaria tudo, lei esta que, pela lógica de sua autoridade, deveria levar à destruição o raro florescer milagroso da justiça livre e nobre. O Estado do absurdo geral no qual vivemos até agora foi um tirano trêmulo de febre, cujas convulsões significam o sofrimento e a ruína de milhões, em cujo reino, porém, a sagrada criança — a comunidade — livre do poder deste Estado ou por este desconhecida, foi protegida na reclusão das confederações e das confrarias. O Estado de ordem socialista, tendo alcançado uma soberania indiscutível, seria um governo impassível e soberano em cujos domínios não seria tolerada nenhuma exploração do homem e onde aqueles que nasceram como fins não seriam degradados a meros meios, mas também em cujos domínios não haveria mais lugar e refúgio para a comunidade.

A comunidade, outrora em casas e em aldeias, em cidades e em províncias, em corporações e confrarias, foi a condição geral, o princípio que formou e afetou em seu âmago a vida em sua totalidade. Hoje ela existe somente quase como algo pessoal, como um feliz alvorecer da verdade entre os homens e persiste em formas duradouras —

em geral em estruturas decaídas ou decadentes — nas quais o Estado contemporâneo não pode ou não quer tocar. Estas estruturas, sejam elas denominadas comunidades, cooperativas ou algo semelhante não conseguiriam resistir ao poder abrangente do Estado socialista radical.

O declínio da comunidade representa, por isso, uma evolução inevitável? Ou é possível um retorno a ela?

Na descrição do processo de decadência da comunidade na China, ao qual aludi, apresenta-se a resposta: "os homens não podem mais retornar ao impulso da natureza, ao estado originário ou à condição primordial".

Na realidade, nós que passamos pela era do individualismo, pela separação da pessoa de sua interdependência natural, não podemos mais voltar para aquela vida em comunidade. Pois, não foram pessoas isoladas que se associaram, mas, antes, uma totalidade se manifestou na diversidade de indivíduos, conservando-os em vínculos estreitos e sagrados; assim como nas grandes poesias não é o verso que aparece como junção de palavras, mas são as palavras que se mostram como a separação da unidade original do verso. Nós não podemos retornar à totalidade primordial; podemos, no entanto, avançar para outra totalidade, produtiva, que não se desenvolveu como a primeira, mas que é, sem dúvida, feita com material espiritual verdadeiro e que, portanto, não é menos autêntica. Assim, uma obra de arte perfeita é de espécie essencialmente diferente daquela da natureza, mas em virtude de sua autenticidade é tão orgânica quanto uma parte desta mesma natureza. Somente o que vacila entre os dois carece de forma digna de fé. Assim, uma construção que erigimos sobre nós como suportes confiáveis, com dedicação correta e com absoluto desprendimento de toda arbitrariedade sequiosa de vantagens não seria inferior à floresta virgem da qual, outrora, fomos desligados. Sem dúvida, não podemos voltar a uma etapa anterior à sociedade mecanizada, mas podemos ir além dela para uma nova organicidade. Não podemos reconstruir o crescimento primitivo, mas podemos preparar o caminho de uma nova organização social, em que o princípio a partir do qual tal crescimento surgiu retorna à atividade consciente. A comunidade e a sociedade são ambas expressão e desenvolvimento de tipos de vontade. Não possuímos mais a vontade global em sua forma natural; perdemos de forma irreparável a sua unidade vegetativa. Entretanto, não sentimos nós, para nas horas puras da vida, como forças soterradas se movem em nós para formar uma nova unidade nascida do espírito, uma nova vontade global vitalmente consciente? O pensamento isolado do todo transformou esta "vontade de ser" em "arbitrariedade"; a partir de uma integridade de espírito já conquistada, que deve incluir o pensamento, a "vontade de ser" pode ser revivida em um estágio posterior do ser transformado. Nossa vida comunitária não é mais um "viver-um-no-outro" primitivo, mas um "viver-ao--lado-do-outro" ajustado. Não experienciamos, porém, tantas vezes que um autêntico olhar encontra seu parceiro de modo que, também para nós, o Tu é primordial e o "um--ao-outro" é sagrado? A alma da antiga unidade da espécie repousa, como na penumbra em nosso íntimo e não sabe se se aproxima a noite ou um novo dia. As teorias da evolução de toda espécie predizem a primeira, uma pequena centelha dentro de nós anuncia silenciosamente o segundo e não quer desistir. Aquelas teorias são sustentadas por todo o conhecimento histórico, parecem inatacáveis. No entanto, na medida em que somos sérios e não nos deixamos intimidar, a pequena centelha brilhará mais do que todos os faróis. O evolucionismo é, sem dúvida, útil para uma observação ordenada do passado; se se quiser demarcar o caminho do futuro com sinais indicadores deve-se esperar que uma nova geração, capaz de tomar decisões, enfrente o grande experimento que, ao assim proceder, já começa a refutar o próprio evolucionismo.

A análise de um desenvolvimento desastroso só pode reforçar nossa decisão — que parece necessariamente paradoxal e sem fundamento na perspectiva histórica — de colaborar para que a mudança interior, a verdadeira revolução aconteça. Ao socialismo que promoveria e realizaria aquela evolução, se contrapõe um outro socialismo que deseja dominá-la e superá-la. O primeiro pode ser o produto e o auge ideológico de um grande processo social; o segundo, a preparação e o anúncio de um grande processo religioso. Não é a primeira vez que forças religiosas intervêm numa crise de forças sociais de modo renovador e libertador.

Na verdade, não é um movimento que surge hoje contra a cambaleante voracidade de poder e contra a febril ambição de poder dos dias atuais. São dois movimentos bem distintos. Um, de superfície, visível e eficiente e que estabelece claramente seus fins, baseia-se no primado da economia como satisfação ordenada das necessidades humanas conduzida pela luta de uma classe, economicamente desfavorecida, em prol da eliminação da desvantagem. Esta luta, porém, se desenvolve naturalmente em luta pelo poder externo, pelo controle do Estado, e deste modo se expõe ao fogo da voracidade e da ambição. O outro movimento subterrâneo, visível somente a um olhar mais profundo, e ainda ineficaz no mundo das coisas, articulando de modo singular o seu sonho, baseia-se no primado do espírito como a demonstração criadora do desejo ardente que o homem tem de Deus; é conduzido pela aspiração que sente toda humanidade autêntica pela comunidade como manifestação de Deus que é de novo desconhecido. Tal aspiração, naturalmente, nunca poderá converter-se em aspiração de controle sem anular-se a si própria; e, muito mais, ela só pode realizar-se no poder interior de despertar e conduzir as almas umas às outras. O primeiro movimento quer apoderar-se do Estado e instalar novas instituições no lugar das existentes, e assim, julga transformar, com isso, as relações humanas em seu íntimo. O segundo movimento sabe que a substituição de instituições gerais pode ter um verdadeiro efeito libertador somente se promover a reorganização da verdadeira vida entre os homens de modo estimulante, esclarecedor e unificador. A verdadeira vida entre o homem e seu semelhante não se passa, no entanto, na abstração do Estado, mas essencialmente lá onde existe uma vitalidade da coexistência espacial, funcional, emocional e espiritual, a saber, na comunidade, precisamente na comunidade da aldeia e da cidade, da cooperativa de trabalho e da oficina, da camaradagem, da união religiosa. Esta verdadeira vida está hoje prejudicada, reprimida, posta de lado; o Estado homúnculo sugou o sangue das veias da comunidade, e deste modo governa, exuberante, o corpo exangue, em toda sua abstração e mediatez, como se fora um ser vivo e não um artefato. A aldeia e a cidade comunitárias se degeneraram em membro de um aparato administrativo, a cooperativa em instrumento de um partido econômico, a camaradagem em associação, a união religiosa em paróquia. É necessário dar novamente a tudo isso sangue, força, realidade de pleno valor; é necessário libertar a verdadeira vida entre os homens. Atualmente, a sociedade é um organismo de células agonizantes, uma realidade fantasma, um organismo dissimulado pelo funcionamento confiável de um mecanismo aparentemente orgânico feito de partes altamente eficientes, a saber, o Estado. O mecanismo pode ser levado à perfeição de uma ordem absolutamente eficaz e seu sistema de movimento pode se assemelhar de modo indistinguível ao organismo vivo. Mas, então, as células morrerão completamente. Somente do interior, pela reanimação do tecido celular pode realizar-se a cura e a renovação. A comunidade em todas as suas formas deve ser enriquecida com nova realidade, com a realidade das relações, puras e justas, entre os homens, de modo que, da união de autênticas comunidades, surja um verdadeiro sistema comunitário que observa, sorridente, como a engrenagem enferrujada se transforma, pedaço por pedaço, em sucata.

Um imenso desejo de comunidade penetra todas as almas de pessoas nobres neste momento vital da cultura ocidental. Não se está mais, como outrora, envolvido na imediatez da relação mútua e encerrado numa associação natural na qual se está em uma inter-relação segura e evidente, de modo a se poder tranqüilamente afastar-se dela para uma solidão positiva. Ao contrário, entregues às células decadentes da sociedade, abandonadas a um radical desamparo no meio do mecanismo, experimentando esta solidão negativa necessariamente como absoluta, como aquilo que o religioso chama "distância de Deus", carência de Deus, aquelas pessoas almejam a comunidade, anseiam por ela, querem servi-la. Como a Jacó, filho de Isaac, após sete anos de serviço, foi dada como esposa no lugar da amada Raquel, Lea, a mulher de olhar melancólico, do mesmo modo podem elas abraçar o Estado fantoche bem desenvolvido em vez daquele com o qual sonharam. Esta foi a história espiritual da Europa durante a sua Grande Guerra. Possa ela não se repetir na revolução que lhe sucedeu, de modo mais amargo e sem esperança.

O Estado contemporâneo, mesmo que se torne socialista, não pode satisfazer o anseio por comunidade. Ele não pode, além disso, dar às almas individuais a consciência profunda da união que elas esperam da comunidade, porque ele, Estado, não é e não pode tornar-se uma comunidade. Uma grande associação humana só pode ser denominada comunidade quando for formada por pequenas comunidades vivas, por organismos celulares fortes em coexistência sem mediação, que entram em relação direta e vital, uns com os outros, como seus membros o fazem, e que se unem em vista desta associação igualmente de modo direto e vital. Onde a verdadeira vida entre os homens se desagregou na sua unidade natural, a grande associação humana pode contrapor ao anseio por comunidade somente decepção e ilusão.

Urge libertar a verdadeira vida entre os homens. É imperativo o renascimento da comunidade, da comunidade da vila, da cooperativa, do companheirismo, da união religiosa. Isso tudo, embora tenha se degenerado em mecanismo com aparência de Estado, embora seja o esconderijo de uma vegetação extemporânea, tolerada ou despercebida pelo Estado, deve tornar-se, novamente, o lugar onde a existência terrena dos seres dotados de alma possa se realizar. É aqui que a vida pública dos homens, ampliada para uma vida de comunidade, deve ocorrer. Somente aqui podem surgir, sob nova forma, as ligações internas da comunidade primitiva — a propriedade comum do solo, o trabalho comum, costumes comuns, e a fé comum — quatro princípios de ligação que correspondem aos quatro tipos de comunidade. Não o Estado, mas somente a comunidade pode tornar-se o autêntico sujeito da propriedade comunitária do solo[2]. Não o Estado, mas só a cooperativa pode tornar-se o autêntico sujeito da produção comunitária. Não é na sociedade, mas sim no companheirismo que novos costumes podem germinar; não é na igreja, mas nas confrarias que pode uma nova fé prosperar.

Isso exige espaço livre para as comunidades, validade indiscutível de sua vontade no âmago de seu meio natural, atividade ilimitada no âmbito de suas tarefas naturais. Isso exige verdadeira autonomia, cujas fronteiras se encontram no intercomunal e no supercomunal, isto é,

---

2. Que é bem conciliável com a posse da terra e do solo por todos.

em tudo o que for comum a várias comunidades e que deve ser consultado, decidido, organizado por órgãos comuns de modo adequado — talvez o mais eficiente em um sistema de representação escalonada.

Entretanto, este espaço livre, esta autonomia das comunidades — que, em última análise, equivale à autonomia das esferas orgânicas da vontade — nunca seriam aceitos pelo Estado contemporâneo; e sobretudo pelo Estado que se tornou socialista, pois o Estado mais rigidamente centralizado não iria declarar a sua própria descentralização; aquele Estado perfeito em sua mecânica não resignaria em favor do orgânico. Somente o Estado concebido como em desenvolvimento para o socialismo (e este desenvolvimento não será breve, apesar dos sinais em contrário) não será capaz de resistir à forte exigência das comunidades socialistas, isto é, aquelas que desejam viver e administrar seus negócios de modo comunitário. Para isso, porém, elas devem existir verdadeiramente, devem verdadeiramente desejá-lo.

A autonomia não pode de modo algum ser decretada. Ela não pode ser estabelecida de outro modo a não ser através do crescimento e da auto-afirmação de um sistema comunitário que, de fictício, se transformou em entidade real. Quando as células que hoje se atrofiam rejuvenescem, quando novas células se alinham em torno delas, respirando forte juventude, quando, ativamente conscientes do grande sentido de tal evento, as comunidades do mesmo tipo de diversos locais se congregam, quando comunidades do mesmo local e de diversos tipos se confraternizam, quando, portanto, do agrupamento de autênticas comunidades começa a surgir um verdadeiro sistema comunitário, então pode haver somente aceitação e não reconhecimento.

Para que tudo isso ocorra é necessário que os homens e multidões de homens se despojem de muitas vantagens e privilégios particulares para o bem da comunidade e tomem parte de sua economia comunitária com toda a sua habilidade de trabalho; é necessário o inaudito, a saber, que os homens, as multidões, queiram a comunidade com toda a força de sua alma. É necessário que os homens se interessem pela comunidade às quais pertencem, do mesmo modo pelo qual se interessam por seus assuntos amorosos e por suas amizades, ou antes, tal como costumam preocupar-se com seus assuntos amorosos e amizades em seus momentos mais íntimos. É necessário que fundem novas comunidades, assim como se constrói um lar — ou antes, como se construía outrora, quando ainda havia autênticos lares. E, além disso, que os homens reconheçam que esta pequena e modesta entidade que os envolve com seu curto raio não é de categoria inferior e pode, de fato, ser superior ao Estado amplo e poderoso; que a autêntica participação em uma autêntica assembléia comunitária exige força de alma não menos poderosa do que aquela exigida em qualquer parlamento; da mesma forma, como a atividade naquilo que é próprio, próximo e familiar se sobrepõe à política do estranho, do distante e do desconhecido que em geral é praticada — só a primeira (a última apenas em grandes momentos extremamente raros) não é palavra e gestos descompromissados e desautorizados, mas autêntica ajuda; convém que os homens reconheçam como uma futura e legítima "política de Estado" pode ser criada somente como seleção e resultado de uma atividade completamente elaborada de modo comunitário, porque — com exceção daqueles espíritos dominadores que perpassaram naturalmente a distância — somente àquele que provou a alma em uma atividade autêntica naquilo que é próximo, somente a ele a distância pode tornar-se próxima.

Todavia, o decisivamente problemático no homem contemporâneo, aquilo pelo que a dissolução da comunidade através da sociedade é expressa de modo mais inequívoco, é o fato de que ele, mesmo lá onde participa da "vida pública" da *res publica*, o faz sem vínculo e de modo fictício. Isso é particularmente evidente, mais evidente ainda do que em todos os tipos de eleitores e de deputados obcecados pela ficção, assim como nos políticos radicalmente interesseiros. E mais evidente ainda, naqueles políticos movidos por idéias que trabalham arduamente para que, por exemplo, algo seja feito na forma da legislação, enquanto que de modo algum sentem a urgência interior de que algo deva ser feito quanto à forma de vida; para eles, a justiça é algo que deve ser "cumprido" e não algo que deve e pode ser iniciado pela sua incorporação lá onde um homem vive no meio de homens. Não pressentem ou não querem pressentir que quando não se inicia, em qualquer lugar, com uma justiça livre e nobre, a justiça "cumprida" deve permanecer um invólucro vazio, uma veste de luxo no cabide. Por exemplo, quando um círculo de intelectuais discute e defende com *pathos* dialético a reorganização das relações humanas, enquanto que os que pertencem a este círculo relacionam-se uns com os outros de modo vazio e indireto como hoje é usual entre intelectuais, então, sua vontade irá determinar só na aparência a realidade social em um grau superior àquele que poderia determinar a sua realidade pessoal. A autenticidade do conteúdo político de um homem é provada e formada em sua esfera natural, "apolítica". Aqui está o solo de toda verdadeira força que atua na comunidade. A esclarecedora mensagem hassídica, segundo a qual a cada homem são dadas as coisas de seu meio para que ele as redima, deve ser completada: a salvação do mundo não pode seguir um caminho mais curto que este. Nenhuma comunidade vivida é perdida e a comunidade da humanidade não pode ser construída com outros elementos.

Para que a comunidade seja construída; para que o destino da "evolução inevitável" em direção à descomunização (*Entgemeinschaftung*) definitiva seja rompido; para que a mudança, a verdadeira revolução aconteça — para isso é necessário o inaudito: a grande força que deseja a comunidade, que funda a comunidade. Parece que esta força anda escassa em nosso tempo. Os homens de hoje aspiram tão apaixonadamente à comunidade e parecem não possuir a força para criá-la.

E, no entanto, esta força vive nas profundezas da geração. Cega, tateante, falhante; desprezada, incompreendida, mal usada; matando onde deveria supostamente criar, destruindo onde deveria construir; inconsciente de seu nome e de sua missão; consumindo-se a si própria, pelo mau uso, em enganos; e mesmo assim ela vive indestrutível, esparsa, como centelhas, em todas as almas, ardendo, poderosa. Quem irá recolhê-la, orientá-la, conduzi-la?

Ninguém pode fazê-lo senão o eterno espírito da mudança, o vencedor do desenvolvimento, o uno, aquele que, sozinho, pode efetivar a conversão do homem perdido quando a última necessidade o chama: o desejo humano por Deus.

Este é o sentido do movimento imortal, hoje novamente subterrâneo, manifesto somente a um olhar profundo, ainda ineficaz no mundo das coisas, murmurando admiravelmente seus sonhos. Ele significa novamente desejo de Deus, espírito de mudança.

A vontade humana pode mudar aquilo que lhe parece o destino da humanidade, se ela não se orienta a si mesma por outra coisa a não ser pela vontade de que Deus exista. Pois então, somente então, Deus se deseja a si próprio nela.

Sempre que o acontecimento inevitável, o "desenvolvimento" aparece aos homens atormentados e atormentadores como um destino fatal imposto pelo Karma ou pelo Demiurgo, pela Moira ou pela "luta pela existência" na qual são encarcerados como numa irremediável distância de Deus, então está próximo o desejo pela libertação divina, pela teofania — a libertação divina, a teofania estão próximas. De qualquer modo que ela aconteça, seja por liberação donisíaca, seja por absorção budista, ou se uma jovem nação é conduzida por uma coluna de chamas ou uma multidão de pessoas é levada através do deserto para a montanha da revelação; ou se o esplendor sangrento do símbolo divino-humano dilacera a plenitude instável das velhas nações: o desejo humano por Deus e o desejo divino pelo homem não podem ser separados. Quando a vontade humana, no seio do mundo da determinação manifesta a liberdade de desejar Deus, a liberdade de Deus está sobre ela. A mudança tem dupla face, uma delas é a face da humanidade desejosa.

As teofanias são semelhantes neste segredo de seu acontecer, mas diferentes no segredo de sua forma. Está evidente aqui de modo mais claro que a História, apesar de tudo, é um processo da verdade e do sentido. O divino, na verdade, quer desenvolver-se na humanidade. Torna-se cada vez mais difícil encontrá-lo; ele quer ser realizado cada vez mais intimamente. Ele apareceu, outrora, em visões e sonhos diurnos aos receptores puros que só deviam olhar; ou na vida do mestre "dominador do mundo" ou "salvador do mundo" que deve ser co-vivenciado para poder ser possuído; mas finalmente o divino mergulha no possível que se entrelaça entre os seres, ele quer revelar-se somente através de suas realizações, através da verdadeira comunidade. Sentimos sua presença brotar tão freqüentemente quando um homem estende verdadeiramente suas mãos a outro homem; pressentimos, porém, que só na verdadeira comunidade pode ele transformar-se de vivência em vida.

Os homens que aspiram à comunidade, anseiam Deus. Todo desejo de verdadeira aliança conduz a Deus, e todo desejo de Deus conduz à verdadeira comunidade. Porém desejar Deus não é a mesma coisa que querer Deus. Os homens procuram Deus, mas Ele não pode ser encontrado, pois não está "disponível". Os homens querem possuir Deus, mas Ele não se dá a eles, pois Ele não quer ser possuído mas realizado. Somente quando os homens quiserem que Deus seja, construirão a comunidade.

A última necessidade apela para a vontade de Deus, para o espírito da mudança.

4. ESTADO E COMUNIDADE*

Há dez anos freqüentamos uma escola e desejo agora tentar verificar o que nela aprendemos ou deveríamos ter aprendido.

Devemos dirigir nossa atenção para fatos que ocorreram na Alemanha e com a Alemanha. Ao considerarmos estes fatos podemos conhecer, embora de modo indireto, o que ocorreu no mundo e com o mundo. Na verdade, como a Alemanha se situa, diz-se, numa posição central, parece que os fatos ocorridos aqui apresentam caráter exemplar. O que existir de essencial e duradouro nos eventos ocorridos nestes dez anos se tornará mais claro à luz do que ocorreu aqui no passado e o que ocorre no presente.

Consideremos a querela entre o Estado e a Economia, sobre a qual não falarei hoje. Trata-se não só de algo extremamente importante e do maior significado para este século, mas também disto, de que se poderia até dizer: a Alemanha é o país onde esse fato ocorre de modo mais claro, podendo, de certo modo, servir de exemplo para isto.

* Palestra proferida em fevereiro de 1924.

Nós que, na última década, vivemos na Alemanha e vivenciamos diretamente estes fatos, conhecemos todo o conflito de conceitos de Estado e Comunidade. Em dez anos percorremos o conceito de "Estado", de um extremo ao outro. Tivemos conhecimento de todo o conflito dos conceitos. Quero ilustrá-lo brevemente. Em 1914, um sentimento vivo de identidade entre o Estado e a Comunidade apoderou-se de um segmento da população, aquele segmento realmente vivo — em particular dos jovens, que, aliás, percebem isso de modo mais direto. Foi aquela realidade breve, porém importante na história do espírito, de um entusismo quase religioso, que levou à convergência dos conceitos. Porém, não só os conceitos, mas também as realidades "Estado" e "Comunidade" foram vivenciados como realidades imediatas. Isso é difícil de definir, quer lhe chamemos Estado ou Comunidade, o último, o inominável; é algo pelo qual o homem vive ou sacrifica sua vida. Nestes dez anos ocorreu crescente e gradual divergência entre os dois conceitos. Não pretendo mostrar-lhes que eventos particulares influenciaram este processo. Não me é possível aqui tentar apresentar-lhes uma história desta década, mesmo em linhas gerais. Falo somente do efeito de eventos vividos por nós, que todos nós conhecemos, sobre a relação entre Estado e Comunidade.

Consideremos, em primeiro lugar, o Estado. No início desta década, no início da Primeira Guerra, o Estado foi vivido como algo absoluto, aquilo que se sobrepõe à pessoa e a antecede, vale dizer como aquilo que não é constituído por pessoas; ao contrário, as pessoas crescem a partir dele. O Estado era algo que poderia ser considerado independente de outros Estados, como se não existissem outros Estados. E mais, aqueles aos quais fosse declarado guerra não eram considerados contra o Estado, mas simplesmente irreais. Isso era, se considerarmos do ponto de vista do absoluto, a divinização do Estado; não que se supusesse representar o Estado o absoluto; o Estado era realmente o absoluto. Assim, até este ponto, o Estado era absolutamente primeiro. A partir daí, os dez anos subseqüentes exerceram, se se pode dizer em poucas palavras, uma função normalizadora. A história destes dez anos mostrou-se dotada de um papel normalizador.

Considerem os senhores o conflito dos conceitos "realismo" e "nominalismo". O realismo é a doutrina da realidade dos conceitos universais, enquanto que o nominalismo é a doutrina segundo a qual estes conceitos não passam de palavras, descrições. Do mesmo modo a História dessa década tem a função de dissolver os conceitos universais concebidos como realidade. Assim o Estado em seu papel de realidade primeira, como absoluto, que por lei se impõe sobre a vida e a morte do homem, assume gradualmente a qualidade de um conceito necessário, vale dizer, um constructo permanente. Não pretendo chegar às causas disso, mas posso talvez resumir numa sentença... O Estado se revelou inconseqüente em suas ações. O Estado consiste antes de tudo, acredita-se, em um ser racional e coerente que age congruentemente. É justamente aí que ele falha. Desmoraliza o cidadão. Cada falha, seja tática, política ou moral, tem isso de singular, a saber, a congruência de seus atos. O Estado se contradiz; ele não se mantém, não resiste, não controla os acontecimentos; não domina sequer seus empreendimentos e projetos. Não reconhece nem mesmo aquilo que ele próprio realizou. Comporta-se como alguém sem caráter, não no sentido de um homem sem caráter, no sentido moral; mas no sentido em que os atos do Estado conflituam com seus propósitos.

Foi apontada a carência de estadistas e a falta de lideranças públicas que pudessem apreender o espírito dos eventos, como ocorre em épocas de catástrofes semelhantes. Não há homens que se possa seguir, homens pelos quais se possa decifrar os acontecimentos, capazes de apresentar soluções, homens nos quais se possa confiar, em suma, homens capazes de expressar e sintetizar de modo compreensível o que acontece. Tais homens não se encontram em lugar algum. Finalmente, chegou-se hoje à concepção básica do Estado como, por assim dizer, uma coerção consentida. O Estado transformou-se hoje numa força coercitiva no seio da qual se nasce, e a qual se aceita — declaradamente ou não — devido à segurança, quer externa, quer interna, que ele oferece.

Aceita-se o Estado; aquele que não o admite, ou emigra ou se revolta como pessoa. Tal degeneração do conceito de Estado não é algo novo, sempre existiu, mas aqui e agora ele é a decorrência da articulação entre utilidade e conseqüência. E, na verdade, aqueles que acreditam entusiasmar-se pelo Estado não passam, quando a própria vida está em questão, de parte do Estado. Só existe o Ser no Estado, não existe o Estado ideal; só há o Estado no qual se vive.

E a respeito do conceito de comunidade?

No início desta década, a comunidade era originalmente o contexto geral no qual o indivíduo se inseria. E paralelamente à desintegração do Estado e da Comunidade, o homem se torna mais consciente de que este contexto geral nada tem de comunitário, que não se trata de uma autêntica vida em comum, com-o-outro, que ela não se sustenta nas relações pessoais e imediatas entre os homens, que esta vida não se constrói sobre estas relações. Tratava-se de um contexto geral, mas sem um autêntico culto à comunidade. E isso resultou na tentativa de revolta que caracterizou o período do pós-guerra. A juventude procurou a revolta como resultado da profunda e desesperada consciência da falta de comunidade. Esta juventude procurou fundar comunidades fora do contexto geral, descobrir ilhas e oásis de vida comunitária. Que significa este desenvolvimento?

No início havia uma crença ilusória — e devemos admitir que era ilusória, apesar de todo entusiasmo da verdadeira crença que não somente não se sustentou, mas também que não podia sustentar-se. Do ponto de vista do Estado, a crença se baseou numa confusão entre Estado e Povo, confusão, aliás, romântica. Há uma afirmação de um romântico que esclarece bem esta questão. Adam Müller descreve o Estado como uma comunidade de vasta linha de gerações passadas, presentes e futuras... Tal é o sentimento profundo da juventude de 1915. O Estado não corresponde a isso e, deste modo, não é, como afirma Adam Müller alhures, o objeto de um amor sem fim. De fato, houve época em que Estado e Povo se relacionaram de modo diferente e uma afirmação como a supracitada tinha uma justificação melhor: era a época da Pólis, época aliás, na qual não existia o conceito "povo"... O homem, com sua vida pessoal e com sua vida geral, tomou parte na formação da Pólis, quase como um elemento indistinguível de sua estrutura. Isso vale ainda, em certo sentido, para a Idade Média Cristã, para a cidade-Estado, que se baseava neste envolvimento da vida pessoal e nas relações diretas entre os homens. Porém, aquela afirmação certamente não vale desde a Reforma, se quisermos apresentar aqui uma divisão histórica externa, isto é, desde que a renúncia da pessoa se tornou realidade. O Estado é, na melhor das hipóteses, uma construção, um elemento, para o qual sempre se apela, que deve sempre ser levado em consideração e sobre o qual se constrói o desejado. Isso, na verdade, envolve confusão. Outra confusão ocorre entre a comunidade primitiva e a atual. A comunidade primitiva era aquela que existia no início do desenvolvimento da raça humana — ao menos o desenvolvimento que nos é visível; era a vida comum de homens em uma unidade, com características tribais, ou se quisermos regredir mais (na história), com características de horda. Esta unidade era mantida por laços indestrutíveis. Nela o indivíduo está envolto em uma legalidade religiosa realmente indestrutível. Esta legalidade era tão imediata e concreta que quando o seu representante, o chefe — como ainda pode ser observado em tribos australianas — aponta dois dedos para alguém, significando com isso que ele o rejeita, este homem cai morto. Assim, a realidade deste imenso e fatal envolvimento do indivíduo, esta comunidade da qual a pessoa nem começou a emergir e onde o problema da pessoa ainda não se colocou, ... esta comunidade primitiva é objeto de confusão por parte da juventude, sobretudo da juventude alemã. Esta espécie de comunidade não representa somente um ponto de partida, mas permanece como uma parte da comunidade existente, isto é, da comunidade na qual deseja viver; a juventude sonha com a possibilidade de formar esta comunidade a partir de homens contemporâneos e personalizados e com a possibilidade destes homens se reunirem a fim de instaurar este tipo de comunidade atual é, no entanto, uma repetição histórica, numa forma superior, da comunidade primitiva.

Apesar de a comunidade ser realmente uma vida comum entre homens livres, instituída e fundada por eles, ela se realiza historicamente na realidade concreta, somente como uma aliança, aliança pessoal de amor, de ações, aliança no culto religioso. Estas alianças são, por sua própria natureza, transitórias; todas trazem consigo o prenúncio do destino indicando sua dissolução, especialmente as alianças de amor, de ato, uma vez que, com a ação — e se trata sempre da ação individual —, a aliança é destruída. E a aliança do culto religioso, como os senhores sabem, não dura muito mais que a presença do homem central, e não tenho em mente sua vida, mas sua presença real após sua vida.

Esta é a situação no ponto de partida que assim se estende nestes dez anos. E o que existe no final, agora, neste instante? Não nos iludamos com isso. De início, encontramos desespero, mas um desespero que não deseja declarar-se como tal. Desespero que se consola com ficções, não com ilusões. Não se trata de uma crença ilusória, mas de um desespero que gera ficção. E este desespero determina suas ficções, suas ficções teoréticas, suas idéias de Estado, sua busca de Comunidade. E ambos são o início do impossível; impossível, não em seu sentido elevado, que sempre impulsiona o homem no seu desejo do impossível. Trata-se do impossível no sentido fraco, de uma autodecepção, um engano de si mesmo a respeito daquilo pelo que se vive e se deve viver, de recusa do destino.

Devo fazer novamente uma distinção. Em primeiro lugar, falemos do Estado e, em seguida, da Comunidade.

Um jovem, Otto Braun, que foi com a idade de 19 anos para o campo de batalha, e cujas cartas e anotações muitos dos senhores conhecem, escreveu da frente de combate esta sentença que caracteriza bem esta geração:

A mais pura chama e até mesmo a mais secreta, minha crença mais profunda e desejo mais elevado, tudo isso é para mim o Estado. Construir um dia o Estado como um templo, puro e forte, voltado para o alto, repousando sobre seu próprio peso, severo e altaneiro, mas também feliz como os deuses, com muros claros por onde cintila o sol — tal é basicamente o propósito, a finalidade de minhas aspirações.

Toda a irrealidade e o caráter ilusório desta geração, em sua origem, se tornam claros nesta frase. Construir o Estado como um templo não é uma finalidade. Não se deve falar assim.

No entanto, quem pôde falar assim foi Platão, em seu tempo e circunstância. Ele pôde fazê-lo, pois existiam templos verdadeiros, vivos. Na época, a Politéia, uma verdadeira idéia do Estado pôde existir como um templo, mas no plano ideal, e não como algo realizado. Porém, por que não existe também um análogo medieval ou mesmo moderno? Por que não pode o Estado ser construído por um ideólogo, neste sentido platônico? Por que não pode ser construído como uma igreja? Naquela época ainda existiam igrejas vivas e reais, e hoje não existem mais. Construamos a Politéia como esboço de um templo. Por que não pôde ser traçado o esboço de um Estado como uma igreja? Creio que a razão é que existia a Igreja, no sentido de Agostinho, a Civitas Dei, a predestinação do Estado de Deus, predestinação que foi possível graças à realidade da Igreja. Não havia mais lugar para a construção de um Estado à maneira de uma Igreja, para o esboço de um Estado.

O Estado pôde ocupar somente o espaço que restava e de alguma forma, a partir daí, lá onde a vida realmente existia, ainda perdurava o sentimento agostiniano de que o Estado leigo era o Estado do mal, o Estado rejeitado.

Isso não é mais verdade, particularmente hoje, quando a Igreja não mais existe, naquele sentido de realidade e de vida. Na verdade, não se deveria falar desta maneira; a juventude que pretende continuar vivendo na realidade humana não deveria falar assim. O destino nos reservou não um Templo, mas uma residência, uma habitação que necessita reconstrução, ou melhor dizendo, uma residência que exige grandes reparos. É nisso que nos devemos prender, em vez de falar em Templo. Os ideais de Estado não são mais possíveis. Hoje talvez ainda não sejam — deixemos esta possibilidade em aberto. Há porém em abundância projetos de Estado. A maioria destes projetos, na verdade, não colaboram na reconstrução do Estado, uma vez que pretendem ser ideais em vez de elaborarem o que é realmente necessário: apresentar propostas para a República.

Tal é a situação no que concerne ao Estado. E a comunidade? Que significa o fato de homens se associarem para construir uma comunidade, por exemplo, colônias comunitárias? Que se pretende com isso? Algo que não pode ser experimentado, algo que pode existir, que pode ocorrer, mas que não pode ser experimentado. A comunidade pode surgir somente na medida em que houver verdadeira vida entre os homens. Quando existe comunidade de trabalho entre homens, é possível, então, que nasça uma comunidade, mas como algo provisório, pelo menos é o que nos ensina a História. Isso, entretanto, não pode ser feito, procurado, fundado. Não passa de uma confusão romântica. Se devemos conceber o Estado como uma coerção consentida — o que é inevitável —, o mesmo não ocorre com a comunidade primitiva com a qual a comunidade atual é confundida. Esta se tornou também uma coerção, na perspectiva de sua realidade histórica; coerção necessária, inevitável, e não uma coerção consentida, consciente ou conhecida, mas um tipo de coerção na qual o homem respira, na qual o homem passa sua vida, como em uma redoma, da qual o homem não pode prescindir e sem a qual ele não pode viver. Tal coerção se torna novamente convincente nas formas de Estado que, de certo modo, devo dizer, se assemelham à uma comunidade, como a Pólis e a cidade medieval. Aí os homens são inseridos realmente em algo que os determina — na Pólis isto é patente. De fato, o indivíduo, assim como sua vida, são totalmente coloridos e penetrados pela realidade da Pólis. Porém, esta coerção convincente reaparece, deste modo, se também se admite que a Pólis era uma religião, — e isso é verdade, em outro sentido, quanto à cidade medieval (...). Porém, é novamente a comunidade primitiva que reaparece, em um nível superior, e não a comunidade tal como a concebe a juventude contemporânea. Esta comunidade, como a entende a juventude contemporânea, consiste na associação de homens que juntos selam uma aliança e entram numa relação recíproca e imediata; a comunidade se constrói, pois, a partir desta relação imediata entre os homens. A comunidade, na medida em que existe, nunca é realizada por um indivíduo; o mesmo ocorre com as comunidades históricas, pelo menos tanto quanto podemos acompanhar seu surgimento. Cada aliança emergente surge e pode surgir não a partir de um centro com o qual os homens mantêm uma relação semelhante. A juventude contemporânea imagina que construir um círculo é o mesmo que se formar uma roda estendendo as mãos a quem está à direita e a quem está à esquerda e assim fechar o círculo. Não é bem assim. Um círculo se constrói pela existência de um centro e de muitas pessoas e destas, de cada uma destas pessoas, parte um raio que leva ao centro vivo; e a atuação do centro através dos raios instaura o círculo. A periferia é formada pelos raios e não o inverso. Isto quer dizer que a comunidade é, na verdade, um fato religioso e, ademais, cada comunidade não-religiosa tem a tendência de se tornar religiosa e se orienta para isso. E se o centro não é concebido religiosamente, então ele representa o centro religioso, isto é, o centro do ser.

Em suma, o Estado não surge de um querer, e a Comunidade, ao menos as não-primitivas, tanto quanto podemos conceber as primeiras comunidades — não é o resultado da vontade. Uma comunidade pode emergir graças à vontade, mas vontade para um centro, para Deus. Na verdade, desejar a comunidade quer dizer perdê-la.

E agora, após termos tentado compreender os conceitos retrospectivamente, procuraremos penetrar na sua origem. De onde eles provêm? Que significam em última análise? Palavra autêntica não é mero conceito. A palavra tem sua raiz em uma realidade. Que espécie de realidade é essa? Convém que respondamos a estas questões de modo a ultrapassar a mera justaposição dos conceitos de Estado e Comunidade e chegar à articulação das realidades Estado e Comunidade. Na verdade, estas só podem ser articuladas e não meramente justapostas. Por esta razão, queremos perguntar: Que é isso, finalmente, o Estado e a Comunidade?

Iniciemos pela Comunidade. Comunidade é uma categoria messiânica e não histórica. Historicamente ela aponta para o seu caráter messiânico. A comunidade pode ser concebida pelos homens porque eles são capazes de fazê-lo. O reino de Deus é a perfeição da realidade de uma comunidade de criação, a realização da criação para a comunidade. Como diz o Verbo: Deus será tudo em tudo. Isso não significa que a individualização seja aniquilada ou enfraquecida, mas que toda multiplicidade e variedade das criaturas permanecem e se unificam, envoltas em uma verdadeira e abrangente comunidade.

Esta é, na verdade, uma categoria messiânica, mas que serve para legitimar todos os outros conceitos de comunidade. Toda comunidade concreta é, em sua essência, o prenúncio e a antecipação dessa comunidade. A partir disso devemos entender cada comunidade humana histórica como prenúncio e antecipação e então reconhecer-lhe o nível, a importância, sua transitoriedade, sua legitimidade e sua problemática.

E agora, que é o Estado? Não me refiro ao sistema social, como entidade abstrata, mas sim ao Estado real, no qual se vive, o Estado concreto. O Estado é o *status*, a situação, a condição peculiar da não-realização da verdadeira comunidade. É linha que se desloca incessantemente, para usar uma expressão brusca, indicando o grau de coerção que deve existir e de que maneira ela existe. Esta situação, esta linha que mostra até que ponto os homens são livres e capazes, não deve ser concebida como linha de progresso. Esta linha mutável para cima ou para baixo é também, talvez, uma linha ascendente da possibilidade de realização da comunidade, da capacidade de o homem se encontrar com seu semelhante, a linha da espontaneidade, do encontro, da aptidão para viver com o outro e para o outro. O Estado indica, a cada momento, o quanto pode ainda ser realizado, o grau de organização coercitiva necessário, de modo que os senhores não simplesmente tolerem, mas aprovem. Este elemento negativo recebe sempre uma forma, ou em termos mais precisos, se cristaliza. O Estado é a cristalização do negativo, e esta cristalização é fatal, como também é fatal num Estado comunitário como a Pólis. E esta fatalidade é a cristalização do negativo, o sentido do fato de que a Politéia não poderia realmente ter sido construída.

Agora, como se articulam o Estado e a Comunidade, na medida em que se cristalizaram de modo messiânico? Como já afirmei, eles não se defrontam mutuamente, mas, ao contrário, se entrelaçam um no outro, o que é compreensível, uma vez que é o Estado que indica em que grau a comunidade não pode ser realizada. E também é ele que define a partir de que ponto ela pode ser realizada. Então, existe aqui comunidade. Algum tipo de comunidade existe em Estados hostis à comunidade onde perduram comunidades concretas, alianças, seitas, comunidades não reconhecidas pela autoridade estatal. Estamos, então, diante de uma articulação dinâmica entre Estado e Comunidade. Quando nos referimos ao Estado que envolve a comunidade, podemos dizer que o Estado contém a comunidade, que é possível existir um determinado número de comunidades no Estado. Pode-se, então, distinguir os Estados que são favoráveis à comunidade e os Estados que a recusam. Os primeiros são aqueles que permitem e fomentam uma relativa "maximização" da comunidade; a rigidez de sua estrutura é construída sobre a relação imediata, sobre a qual, aliás, repousa a comunidade. A Pólis era um Estado deste tipo. Essa era a sua força e também, em termos de história do poder, a sua fraqueza. E a relação imediata já estava na base da comunidade primitiva. Tanto os Estados favoráveis à comunidade como aqueles que a rejeitam são Estados centralizadores, que suprimem toda sorte de autonomia da comunidade e no qual a vida comunitária é somente dispersa e liquidada. Já afirmei, esta é a essência fundamental do Estado moderno ocidental, que é centralizador. Atualmente, quando ocorrem mudanças no Estado, como por ocasião da Revolução Russa, a centralização se introduz necessariamente.

Entre Estado e Comunidade há sempre uma linha divisória constantemente alterada, naturalmente não por nós. O mesmo ocorre na vida pessoal, na vida de cada homem. Cada dia é traçada uma linha entre o que ele pode e o que não pode realizar. Cada homem, na medida em que realmente vive, desperta de manhã com o sentimento de responsabilidade daquele dia e se pergunta: quanto posso realizar hoje? Ele experimenta quanto. Experimenta-o somente na medida em que age, realiza, quando chega até o limite de sua realização e observa: "Não posso realizar mais, aqui não me é dado mais e, portanto, permaneço parado". Esta linha divisória deve ser traçada a cada dia.

Não devo esclarecer qual é a fonte do centralismo. Está evidente que este centralismo do Estado possui conexões internas e externas. Já foram chamadas — o que consiste em um ataque de fora — expansão, desejo daquilo que não se possui, desejo de possuir mais, opressão sobre aquilo que se revolta no interior do Estado, sobre aquilo que tenta escapar a sua coerção, supressão de crimes. Isso, devo dizer, é algo que caracteriza o Estado ocidental moderno. Pode-se tomá-lo como ponto de partida para a nossa concepção histórica da verdadeira comunidade, da comunidade concreta realizável.

Assim, o Estado é penetrado pela comunidade. Não o Estado como "idéia", que não existe mais, mas como uma possível realização da própria comunidade. Este sistema comunitário (*Gemeinwesen*) deve e pode ser construído através de comunidades concretas realmente vivas. A comunidade concreta autêntica que se baseia sobre a verdadeira vida em comum dos homens, sobre a relação imediata entre eles, é a célula do sistema comunitário. Nenhum sistema comunitário autêntico pode ser constituído por indivíduos, mas por comunidades concretas. Em primeiro lugar, comunidades concretas devem existir e, com isso, uma ordem específica pode ser instaurada. Com isso se entende a realidade da comunidade, o que, aliás, se opõe à comunidade atual que é degenerada. Não existe somente este tipo de comunidade, a comunidade da vila; há, além disso, a comunidade de trabalho, a comunidade de fé, todas elas determinadas pela sua relação ao centro. Porém, todos estes tipos de comunidades devem tornar-se vivos a fim de viabilizar um conjunto de comunidades concretas, associações de comunidades de vários tipos. Para tanto é indispensável, sem dúvida, que cada comunidade em particular, possua alto grau de autodeterminação e autonomia, poder e substância. Assim as associações de comunidade também são uma realidade e, deste modo, seus representantes não buscarão refúgio nos parlamentos atuais, mas permanecerão diretamente vinculados a esta substância concreta da comunidade. Ocorre, então, uma transformação do parlamentarismo, desta relação irreal e absurda entre os eleitores e seus eleitos, mentira encoberta pela ficção do partido. E, além disso, há uma transformação na própria representatividade. E, avançando mais, certo centralismo, certa centralização deve permanecer necessária; na verdade, uma centralização que gradativamente adquire caráter técnico-administrativo, de modo a transferir a vida pública para uma esfera inferior das comunidades concretas, das autênticas comunidades. Assim, o homem se interessa realmente pela sua comunidade, e a assembléia comunitária se tornará uma realidade mais autêntica, mais amada, infinitamente mais amada que o parlamento o é atualmente.

A ágora possui ainda seu artificialismo, sua arbitrariedade — aliás era essa sua base —, a escravidão. Os povos se constituíam verdadeiramente somente na medida em que tal sistema comunitário emergia das comunidades concretas. Parece que a partir dos Estados modernos se erigiram comunidades concretas em torno das quais eles se unem e se encontram. Mas esta divisão de Estados no seio dos povos não ocorre mais; pelo contrário, as comunidades se reúnem em verdadeiros sistemas comunitários a partir de sua natural pertença mútua, e só então o povo pode ser constituído. Até o momento, não existe efetivamente Liga das Nações ou aliança de nações. Quando isso se tornar realidade, haverá autênticas relações entre os sistemas comunitários.

Devo contentar-me com esta indicação. Trata-se de uma indicação no sentido de uma superação crescente do Estado naquele sentido estrito, vale dizer, não no sentido de um "para cima e para baixo", mas para algo verdadeiro, para uma direção, para um deslocamento do seu *status*, para uma realização da comunidade.

Se devesse especificar ainda mais esta indicação, nunca significaria mera alusão ou uma idéia de Estado, ou uma procura de comunidade, mas sim uma indicação para o único caminho no qual a comunidade pode ser realizada. Insisto, considero tudo isso numa perspectiva política, uma vez que me recuso a discutir a outra, a perspectiva religiosa, que, aliás, é fundamental.

Contudo, devemos deixar bem claro que esta indicação não pode tornar-se concreta a partir da política — até esse ponto devemos incluir a questão da humanidade pessoal; nem, tampouco, a partir de uma, assim denominada, união a partir de algo organizacional, e nem a partir de algo como a união da juventude, que, aliás, é hostil à organização. Agora, devemos tratar de uma questão que é relevante neste contexto: é a questão da revolução. Toda revolução é, em sua origem, messiânica. Assim como, em 1914, o Estado foi confundido com a Comunidade, assim também confundimos a ação revolucionária, a mudança de Estado, com redenção. A revolução significa liberdade, e ela pode unicamente transformar a coerção, e isso, somente na medida em que o homem que nela age não é capaz de liberdade, ou seja, é incapaz de realizar a comunidade; em outros termos, na medida em que a comunidade viva ainda não emergiu e não pôde emergir. A revolução só pode alterar a assim chamada Constituição, a forma externa do Estado e a verdadeira distribuição do poder. Não me refiro a nada disso. Isso permanece ininfluenciável. A verdadeira vida dos homens permanece inalterada na estrutura proveniente da revolução.

Gostaria agora de examinar de preferência a Revolução Russa, que foi uma autêntica revolução, em vez da assim chamada Revolução Alemã que não considero realmente como revolução. Podemos distinguir três estágios no decorrer da Revolução Russa. Em primeiro lugar, o estabelecimento dos Sovietes, do Conselho, isto é, dos grupos individuais autônomos, sobre os quais devem basear-se os sistemas comunitários revolucionários. Cada um destes grupos autônomos pode ser denominado comuna, de modo a reunir, em todo o lugar, um círculo de pessoas a quem cabe sustentar e determinar a vida pública. Porém, a força de resistência destes grupos autônomos não se mostra suficientemente forte quando a tendência centralizadora do Estado moderno investe contra ela. A centralização é introduzida novamente pelos líderes do Partido Comunista, pois este foi levado ao poder. Esta tendência centralizadora contra a autonomia dos Sovietes surgiu nas centrais do partido, ou nos órgãos de Estado nos quais suas centrais se transformaram. Este é o segundo estágio. No entanto, esta tendência centralizadora, em grande parte, não se realizou. Isso se deve à alma russa e ao seu peculiar modo de vida. Ela se impõe, restringe sua autonomia e, com isso, sua substância própria.

Os Sovietes permanecem mas não desfrutam mais de uma vida verdadeira. E agora sobrevém a ação do contramovimento. E no momento em que chegamos, se os senhores observarem o que ocorreu na Rússia, verificam que foi atingido um estágio de desenvolvimento, um movimento contra o poder centralizado. Este poder não partiu dos Sovietes individualmente, ou das comunidades, da realidade, mas de uma minoria, amorfa, indefinida, uma minoria do partido. Trata-se, na verdade, de um contramovimento vulgar do partido, contramovimento de uma minoria do partido, que pretende tornar-se maioria. Desta feita, a autêntica comunidade que poderia realmente ter empreendido o contramovimento e que teria podido opor-se a esta tendência centralizadora de cima, na verdade não existe mais. Aliás, o próprio contramovimento é caracterizado pela centralização. O centralismo, termo pelo qual podemos denominar esta construção do sistema comunitário baseado em comunidades concretas, é também chamado federalismo. Entendo centralismo como um programa político. O centralismo é ineficaz e falacioso se não estabelecer autênticas e vivas comunidades.

Finalmente, defrontamo-nos com a questão: onde começar? Aqui também podemos somente apresentar sugestões. Antes de tudo, convém iniciar pela relação do homem individual com as realidades comunitárias, a saber, com aquelas de tipo institucional, organizacional que ainda existem, embora tenham todas entrado em crise. Quero dar alguns exemplos. Não encontro absolutamente, na juventude atual, uma relação positiva para com estas realidades comunitárias: em primeiro lugar para com a comunidade familiar, em seguida com a comunidade de trabalho e finalmente com a comunidade da vila. Estão todas em declínio, estão em meio a uma crise decisiva, mas que leva em seu seio o caráter de uma possível regeneração. Não é possível — o que está profundamente relacionado com o declínio de nosso tempo — que a juventude acredite poder viver ao lado desta crise, ignorá-la, afastar-se dela, enfim viver longe dela. A juventude só é capaz disso se viver no irreal. Esta juventude deve adentrar-se nesta crise onde está aquilo que resta da comunidade, aquilo que ainda sobra das relações imediatas entre os homens; ela deve trazer esta crise para o seio de sua vida pessoal. Somente assim, talvez, e não de outro modo, podem tanto a juventude quanto as comunidades através dela se regenerar. No entanto, isto não significa que se possa simplesmente desfazer-se destes vínculos, já que eles são portadores de decadência, e obter assim a liberdade. A liberdade que a juventude acredita conquistar ao suprimir os vínculos, é o vazio, vale dizer, a liberdade estéril. É a liberdade da qual nada pode emergir, pois ela não traz em seu seio nenhuma semente de realidade.

É uma liberdade infecunda. Para tornar esta liberdade fecunda e realizada, o homem moderno, a juventude moderna devem penetrar na crise da comunidade com sua vida pessoal, e não apenas com seus pensamentos. Isto significa, contudo, uma mudança na relação existente entre vida pública e vida privada. Devemos fazer isso bem claro. Deixei este ponto incompleto, mas creio que alguns dos senhores o tenham completado pessoalmente. Aquilo que disse a respeito do Estado como *status* não concerne simplesmente à vida pública. Na verdade, este *status* existe em cada um de nós, o *status* de ser real, o Estado. O Estado está em cada um de nós e entre nós. Ele é o irrealizado em toda parte entre os homens, o entrave, o exílio.

Aí está o começo. A partir daí, deste Irreal, uma ponte deve ser construída para o irrealizado, e deste modo, passamos da vida pessoal para a vida pública. O *status* do Estado está somente exposto. O Estado expõe somente o *status* entre os homens e em cada homem. E, portanto, o mal propriamente dito hoje existente na vida política, consiste, se conservamos a expressão, em preservar o relacionamento político básico de homem para homem, no fato de o homem ver seu semelhante como algo que ele pode experimentar, descobrir, isto é, que ele pode usufruir em sua utilidade, em sua aplicabilidade. Isto significa que a relação entre pessoas, tal como existe atualmente, esta relação política básica, se assim podemos chamar, é o mal em que se fundamenta todo o Estado. É isto que se deve ultrapassar. Há, porém, um grande obstáculo no caminho, e este é o falso radicalismo da juventude atual. Esta juventude apraz-se em representar as coisas da seguinte maneira: tem-se um ideal das coisas como devem ser, por exemplo, como Estado e a sociedade deveriam ser. Isto pode ser efetivado, de certo modo, de maneira política ou revolucionária e, portanto, não pode ser realizado aqui e agora. Com este adiamento ganha-se a base para uma vida fora da realização. Assim, aqui e agora, participa-se daquilo que é válido agora. Este é o radicalismo como fuga. Por exemplo, conceber o socialismo como algo que deve ser realizado em algum lugar e em algum tempo, mas que não pode sê-lo aqui e agora. Se isso não é possível entre pessoas que o admitem, então ele não existe para pessoa alguma em lugar algum. Este radicalismo como fuga da realidade, da responsabilidade, é o maior obstáculo.

Oposto a isso, reconhece-se a linha divisora que é traçada a cada dia. Hoje isto pode ser realizado por mim, entre nós, nesta vida que nos é dada e aquilo não pode. Eu experiencio isto, sem cessar, somente na medida em que o faço. Destino. Exponho-me cada dia à fatalidade do erro, ao destino do "chegar ao limite de". Isto significa responsabilidade. E se tomarmos o conceito em toda a sua realidade, responsabilidade significa sempre responsabilidade diante de alguém. Responsabilidade para consigo mesmo é uma ilusão.

A verdadeira responsabilidade é sempre responsabilidade diante do outro. A autêntica responsabilidade repousa sempre sobre a realidade do Eu e Tu. Isto significa que o ponto até onde chegamos está relacionado com a realidade do centro e da relação ao centro, que devemos encontrar novamente. Responsabilidade no verdadeiro sentido. Responsabilidade da última realidade humana. Responsabilidade do *hic et nunc,* do aqui e agora. Este é o último ponto que, na realidade, podemos atingir. Tudo o mais é pessoal, tudo o mais cada homem individualmente deve decidir por si próprio e é uma questão de tempo, dependendo de sua situação, de seu talento, de suas possibilidades, de seu lugar, de seu momento.

Porém, ele deve decidir nesta responsabilidade, o que significa que o homem se torna consciente de sua parte na realização do reino, consciente de sua contribuição na realização da comunidade da criação.

5. EDUCAÇÃO PARA A COMUNIDADE*

Aqueles dentre os senhores que já me ouviram antes e já discutiram comigo esse tema, sabem a importância que atribuo ao fato de não precisar falar, por assim dizer, de cima para baixo, de não me sentir obrigado a apresentar uma série pronta de pensamento. Ao contrário, importa, sim, poder estabelecer autêntica interação, isto é, ouvir, conhecer as questões, dúvidas e dificuldades relativas ao tema, presentes no espírito daqueles que estão reunidos comigo.

Há muitos anos, torno-me consciente disso sempre que encontro, para falar sobre esse assunto, um número grande de pessoas, sobretudo se muitas me são desconhecidas. Este sentimento é particularmente forte hoje quando quero falar sobre algo que, como tema, é novo, inclusive para mim. Isso me parece novo, sobretudo quando se procura tratar de sua realidade, como eu tento

* Palestra proferida em 6 de abril de 1929.

81

fazer. Devo, então, pedir-lhes que me permitam apresentar agora somente o esboço geral deste problema, e solicitar-lhes a cooperação no sentido de me dizer que pontos específicos devemos discutir. O tema é tão vasto que o que posso e devo fazer, de início, para que nos possamos entender e saber do que falamos, é circunscrevê-lo, isto é, dizer o que significam e o que não significam as noções de "comunidade" e "educação" sobre as quais desejo falar. É no sentido do esclarecimento do problema que gostaria que entendessem estas minhas observações preliminares.

Fala-se muito, atualmente, sobre educação comunitária. Notei tudo o que se disse a respeito, tanto quanto me foi possível conhecer, e percebi que tudo isso nada tem a ver com o que entendo por comunidade.

A educação comunitária, tal como encontramos na literatura existente, consiste em qualificar ou equipar o homem em desenvolvimento com a capacidade de se orientar diante de grandes objetivos, tais como, sociedade, Estado, partido, associações nos quais a vida irá situá-lo. A educação comunitária fará com que o homem se torne um membro útil, produtivo no seio destas diversas modalidades de associações, social, política, vale dizer, que ele não seja simples roda que só gire em torno de seu eixo, mas uma pessoa, uma roda equipada com dentes e, assim, esteja apta a engrenar em outras rodas deste enorme aparato e seja capaz de participar deste imenso e complicado movimento global. No entanto, tudo isso, na minha opinião, tem muito pouco a ver com comunidade. Não posso convencer-me de que as associações, sobre as quais se fala aqui, a saber, o Estado atual, a sociedade atual etc., têm a ver com a comunidade. Posso perceber, e até sinto também, que nestas associações há, de certo modo, algum sentido de comunidade. Ou, em outros termos, há redutos de comunidade no Estado, na sociedade etc. E mais, em nossos dias a vida humana ainda não se se tornou um mecanismo de modo a não existir comunidade em lugar algum, nem mesmo em todas estas assim denominadas imensas associações mecanizadas — embora não seja um termo feliz — (eu diria antes associações objetivadas). Porém, na realidade, se procurarmos uma autêntica vida comunitária nestas grandes associações, não a encontraríamos em nenhuma delas. Notamos isso claramente em épocas de crise ou de catástrofes, épocas nas quais o caráter destas associações poderia parecer em mudança... como se algo soterrado quisesse ressurgir. Isso nunca me pareceu tão claro como em 1914, quando muitos jovens possuidores de entusiasmo especialmente grande e autêntico, perceberam que este Estado que conheceram como algo oposto à comunidade, como desprovido de comunidade, era no entanto como uma comunidade viva pela qual valia a pena não só viver, mas também morrer... Porém, de qualquer maneira, me é difícil explicar o que chamo comunidade, cujos resquícios ainda perduram nas comunidades contemporâneas. Nos círculos de pessoas, especialmente jovens, era como um anseio, um desejo... Talvez seja melhor utilizarmos conceitos da sociologia moderna. Há obras sobre a relação entre sociedade e comunidade. A obra de Toennies opõe sociedade à comunidade quando afirma que a sociedade é uma associação de homens unidos por um determinado propósito, que possuem interesses comuns e se congregam a fim de servirem a estes interesses comuns e atingirem este fim. Trata-se, então, de uma convenção fundada sobre uma decisão. Por outro lado, comunidade é a união de homens ligados pela própria essência e pela vontade essencial, uma união que é o resultado de um processo natural e não algo imposto; é algo baseado em sua origem comum, costumes, propriedades etc. De fato, o homem nasce na comunidade. Ela é sua condição, ele vive, respira nela, ela o sustenta. A sociedade é algo que, por assim dizer, ele reconhece sem cessar e aceita como algo essencial para a orientação de sua vida, para os fins que ele se propõe e deseja atingir. Por isso ele se insere na sociedade. Este confronto entre os conceitos de sociedade e comunidade funda-se, como se pode ver, à primeira vista, numa perspectiva histórica. O que se denomina aqui comunidade é uma condição social primitiva. São, de fato, categorias históricas que se sucedem umas às outras no desenvolvimento da humanidade, no desenvolvimento das culturas individuais. Porém, a partir desta perspectiva, não é possível definir o que se entende, na vida moderna, por comunidade. Sentimos que esta primitiva comunidade de comunhão de costumes, de propriedades etc., não abrange o que concebemos por comunidade. Alguns filósofos modernos (Schmalembach*) tentaram completar essa concepção, acrescentando um terceiro conceito aos dois anteriores — sociedade e comunidade — a saber, o conceito de aliança.

Ele disse: comunidade é aquilo que se tornou comum, é onde o homem nasce, aquilo que, por assim dizer, se relaciona com seu subconsciente. Não é resultado de sua escolha e decisão conscientes; Schmalembach denomina, a meu ver adequadamente, de "aliança" aquilo que em vez de conduzir à formação de sociedade, conduz à autêntica união orgânica (de homens), à formação de um verdadeiro círculo de homens.

Sabemos a partir de nossa época, o que isso significa. Diria mesmo que na Alemanha, onde vivemos, se espalham diversos tipos de aliança, religiosa e outros. Porém, se observarmos nossa época e o curso da História, veremos que ela se diferenciou em algo essencial. Schmalembach não notou isso. Não compreendeu que a sociedade moderna, de fato, não se levantou contra a comunidade primitiva, e que, de outra parte, não contém o tipo de "comunitariedade" (*Gemeinschaftlichkeit*) que pode ser concebido e aspirado pela vida moderna e ultrapassa os limites da comunidade primitiva. Com isso, entendo ser a aliança algo que não engloba toda a vida orgânica do homem — e isso não por mera casualidade, mas pela sua própria essência. Ao contrário, é algo que acompanha a vida orgânica natural do homem ou enfatiza somente uma dimensão dela. Se a aliança é de caráter político, inclui homens que aspiram por alguma mudança; ou, se é de caráter religioso — não, porém, uma parte da vida, no sentido moderno de "religioso" —, ela é um tipo de consagração de algumas horas que seria, por isso, separada da vida e que assim transcenderia a vida cotidiana. A aliança é algo que não engloba a quo-

---

* Herman Schmalembach nasceu em 15 de novembro de 1885 e morreu em 3 de novembro de 1950. Suas principais obras foram: *Leibniz* (1921), *Die Sociologische Kategorie des Bundes* (1922), *Das Mittelalter, Sein Begriff und Wesen* (1926), *Die Kantische Philosophie und Religion* (1926), *Das Ethos und die Idee des Erkennens* (1933). (N. do T.)

tidianeidade e a regularidade da vida. Ela pretende organizar as maiores aspirações do homem — tomando-se isso não pejorativamente.

É típico da "aliança" que os homens saiam de suas casas para irem ao local onde pertencem à aliança; afastam-se de suas ligações com a regularidade da vida a fim de atingirem a consagração. A aliança tem duplo fundamento. Não é jamais algo que engloba toda a vida natural do homem: a vida doméstica, a vida na rua, no trabalho... Engloba homens que se recolhem, se retiram da vida agitada e se associam para esta existência em comum, separada essencialmente daquela vida, tanto num sentido espacial como temporal.

Agora, quando falo de *comunidade,* entendo algo que abrange toda a vida, toda a existência natural do homem, não excluindo nada dela. Ou a comunidade é isso, ou, então, deve-se renunciar à idéia da existência de uma comunidade autêntica. Que a comunidade possa ser realizada ou não, depende muito da possibilidade desta união total. Entendo que comunidade que se erige ao lado da vida não é comunidade. Com isso não quero prejudicar, de algum modo, a existência das alianças, mas sinto e devo dizer que todas são somente pressentimento ou antecipação de alianças. As alianças realizam-se na separação da vida, o que não pode ser realizado aqui e agora na plenitude e no trabalho da vida, ou que é considerado irrealizável. Esta resignação ou este conhecimento, esta renúncia, este elemento negativo se encontra no fundamento da "aliança". Esta constrói um plano sobre o qual será realizado aquilo que não pode ser realizado no plano da vida. A aliança apresenta um modo consolador para se sair da impossibilidade de realização na plenitude da vida vivida, criando experiência de comunidade. Esta experiência de comunidade, porém, não entra na vida vivida, não preenche todas as fendas e poros, não se estende por toda parte, para, tão-somente, erigir-se como vida, mas é um pacto negativo firmado, um muro erigido: ela é reconhecida como: "até aqui e não mais adiante". E este "até aqui", se se observa atentamente, é o início da verdadeira vida não-patética, da autêntica vida.

85

Pode-se dizer, então — e, de fato, já encontrei várias vezes tal assertiva — "certo, mas isso não é uma necessidade e muitas vezes uma necessidade trágica?" Existe, então, pode existir neste mundo em que vivemos, neste mundo humano, outro tipo de comunidade senão a aliança? Aquela comunidade que engloba tudo não é, na verdade, uma condição primitiva, uma condição de uma diferenciação menos pessoal? Não é uma condição na qual os homens não podem realmente viver em comunidade, por que não estão ainda separados uns dos outros pela personificação, como os homens de hoje, e por que eles não se confrontam mutuamente nesta multiplicidade? Os homens cresceram na diferenciação da sociedade contemporânea, a partir precisamente destas ligações naturais e é puro romantismo pretender voltar à comunidade, que, na forma de um englobante de toda vida, está perdida para nós. Tal questão me parece central: se a comunidade (ignoremos a aliança como uma associação que não engloba a totalidade da vida) é, de fato, idêntica à sociedade subcomunal. Na realidade, creio que a comunidade, considerada pela sociologia em contraste com a sociedade, é sem dúvida de tipo subcomunal. Diz respeito à comunidade a partir da qual a ordem individualista se desenvolveu como fundamento da sociedade contemporânea. Eu não só admito isso, mas quero simplesmente assinalar que o desejo de retornar para aquém desta diferenciação da ordem social moderna é uma tendência sem esperança. Tudo depende da possibilidade ou não de um desenvolvimento posterior da comunidade, isto é, se existe não só uma comunidade subsocial, mas também uma comunidade supra-social, vale dizer, se é possível sua realização com os preconceitos e meios da situação e da ordem atual. Peço que não considerem esta colocação em termos de "ou-ou". Ou se pode transformar, através de um artifício, a sociedade em comunidade, ou não... É particularmente difícil de se considerar as coisas sob esta forma disjuntiva; pois as coisas podem realizar-se, assim penso — tanto quanto as coisas podem realizar-se na ordem humana — na relatividade de toda realização, de modo que o amanhã parece um pouco diferente do hoje. Se o amanhã se tornou mais orientado para a vida comunitária que o hoje, isso é suficiente. Isso é, para mim, prova suficiente, pois, se isso é realmente assim, se entre as horas, entre as épocas, os períodos de tempo, existe um acréscimo, uma alteração em determinada direção, isso basta. Esta é uma prova humana, nada mais é necessário. É este o pressuposto que estabeleço para isso de que estou falando.

A questão que nos ocupa hoje é a seguinte: que é que a educação de pessoas, a educação de pessoas em desenvolvimento, hoje tem que ver com o advento de uma comunidade supra-social, isto é, com a maior penetração da comunidade, com um novo sentido de comunidade? Pretendo examinar novamente este sentido novo de comunidade, pois é um domínio que pode prestar-se a interpretações errôneas. Este novo sentido de comunidade não repousa mais sobre o "ter em comum" (*Gemeinsamkeit*), sobre propriedades objetivas, como costumes, ligação legal ou outra característica da comunidade primitiva; não se baseia sobre o "ter em comum" como fundamento necessário, ao contrário, este sentido de comunidade pode fundamentar-se sobre um tipo de "comunialidade". Em termos mais claros, não se baseia sobre um "estar-com" estático, mas dinâmico; não sobre homens semelhantes, feitos, formados e ordenados de modo semelhante, mas sim sobre pessoas que, formadas e ordenadas diferentemente, mantêm uma autêntica relação entre si. Partimos desta diferença como a essência da ordem atual e perguntamos: como pode haver comunidade que não seja dinâmica, de modo que a comunidade seja algo que aconteça entre homens, entre Eu e Tu? Na verdade, se eu pretender — sem dúvida de modo insuficiente — deduzir um autêntico conceito de comunidade a partir da situação da humanidade contemporânea, então comunidade significa, aqui e agora, multiplicidade de pessoas, de modo que sempre seja possível para qualquer um que a ela pertença estabelecer relações autênticas, totais, sem finalidades... de modo que exista tal relação entre todos os membros. O importante são as centelhas, o acontecimento verdadeiro. Porém, o estatuto, a estrutura desta multiplicidade de pessoas deve ser tal que nada reprima este tipo de relações entre estas pessoas ou que torne essas relações impossíveis. Devo afirmar, mais uma vez, que ante de tudo tal relação deve ser imediata, isto é, que os homens se encontrem mutuamente na ação mútua, sem que algo de pessoal ou objetivo se interponha entre eles. Isto quer dizer que eles se relacionem não pelo fato de possuírem algo em comum (interesses, negócio, trabalho ou qualquer ligação prática ou uma realização), mas, ao contrário, que se relacionem imediatamente sem intermediários. As centelhas da relação cintilam daqui e dali, de pessoa a pessoa. É isso que entendo por imediaticidade.

O segundo ponto é a totalidade da relação. Isto quer dizer que a relação de um homem com seu semelhante não envolve somente uma parte de seu ser, como é freqüente hoje, quando os vários domínios da vida espiritual são separados, cada um com sua própria lei, sua própria estrutura, sua própria contabilidade. Há determinadas relações espirituais entre homens de tipo muito peculiar: algumas pessoas se encontram, certa noite, para discutir assuntos de grande interesse para elas como se tivessem realmente algo que ver umas com as outras, sem que, na realidade, o tenham. Nenhuma delas se prendeu por algum compromisso, uma com outra. Há relações eróticas que, em vista da totalidade da vida do homem, não têm existência. Esta divisão do homem em conjunto de esferas atinge também a realização do inter-humano. O que quero dizer é o seguinte: a totalidade da relação é componente importante da comunidade. O homem encontra-se com os outros com todas as suas qualidades, habilidades, possibilidades e entre eles algo acontece, nada mais! Não estou falando de coisas extraordinárias; pode ser qualquer evento — mesmo algo altamente negativo — que ocorra entre os homens, um evento real, imediato, do qual participam com a totalidade de seu ser.

E o terceiro ponto, não sou capaz de explicá-lo; é o seguinte: que um homem não seja um meio para outros conseguirem um fim, que um não use o outro, mas que o considere como um ser vivo que está diante de si, vale dizer, um ser para o qual eu estou aqui, do mesmo modo que ele está aqui para mim. Portanto, este me parece ser o conceito de comunidade que se pode deduzir de nossa situação, a saber, que alguns homens da "multidão" estabelecem relações entre si.

Agora, pode-se negar a possibilidade de que isso ocorra em nossa situação, isto é, que seja possível introduzir tais conteúdos de comunidade no seio destas grandes associações objetivas, nestes enormes mecanismos de nossa vida. O quanto isso é possível? Sem dúvida, pode ser negado teoricamente, embora não tenha sentido fazê-lo. A questão que aqui apresento, só pode ser respondida, na prática, experiencialmente, por pessoas. Se, de fato, existe este anseio, este desejo pela comunidade do qual se fala muito hoje, se tal desejo existe como força real, que regenera e constrói a vida, se isto é entusiasmo ou realidade, só pode ser evidenciado quando os homens que possuem este ideal cessem de considerá-lo como ideal, quando tais pessoas com a realidade de sua vida, nos contextos nos quais se inserem — seja familiar, profissional ou social — levem a sério sua vida, somente sua própria vida. Nada mais há que ser levado a sério.

Esta é a única realidade que, na verdade, possuímos. Somente aqui podemos construir algo. Esta vida vivida, quotidiana, esta profissão, este contexto onde cada um de nós está inserido pelo destino; esta realidade totalmente pessoal, é este o elemento para a construção da comunidade.

E, então, quando me refiro à Educação para a comunidade, entendo comunidade neste sentido. Assim, educação é a preparação para o sentido de comunidade, na vida pessoal e com a vida pessoal, introduzido a partir desta vida naquilo que existe hoje, na sociedade, neste mecanismo ou como se queira chamar. Estas sombrias descrições da atual condição têm, no entanto, para mim algo de desencorajador, na medida em que facilmente nos levam a ignorar o "aqui e agora" da experiência, da possibilidade, do momento, toda a fecundidade do momento.

Este é um dos inúmeros mecanismos de fuga que ocupam a vida do homem contemporâneo. Tais mecanismos lhe proporcionam uma consciência tranquila, levando-o a contentar-se, na melhor das hipóteses, com realizar algo, com defender algo politicamente. É, pois, nesse sentido específico que entendo Educação para a Comunidade. Proponho que discutamos isso hoje.

Com efeito, uma coisa me parece resultar do que foi dito: a educação para a comunidade não pode ser teórica, ou em termos mais claros, a educação para a comunidade só pode ocorrer através da comunidade. Este é um ponto. Talvez devamos esclarecer as implicações do problema.

O que educa? Quem educa? Os educadores que estão entre nós, irão, assim o espero, em grande parte, concordar comigo quando digo que aquele que quer educar não educa! O que educa é, em última análise, o espontâneo. O melhor exemplo de educação é a natureza. Ela educa através da luz, do ar, da floresta, dos animais e tudo o que se pode experienciar. Na cidade isso ocorre, mas em menor grau. Assim é educado o homem adulto. Não imaginamos o quanto uma criança é educada pela luz. Eu próprio observei isso em crianças. A criança é a que está menos consciente disso, e os adultos que cuidam das crianças, também sabem, infelizmente, muito pouco a respeito do efeito inconsciente do ambiente natural. O que mais educa? Pode-se dizer que a comunidade educa na medida em que ela está presente. Pode-se também dizer: o indivíduo educa, na medida em que está presente. Considerem o seguinte: uma pessoa chega e as crianças estão sentadas para serem educadas; então, pensam os senhores, que a seguinte situação não penetra a mente das crianças: "Agora vamos ser educadas"!?... Consideremos novamente a influência do professor sobre os alunos. Como o professor exerce realmente influência sobre o aluno? Na medida em que não existir esta resistência, na medida em que entre ele e os alunos não houver a seguinte situação: "Ah, agora vamos ser educados!" Em outras palavras, quando as relações entre o professor e os alunos forem espontâneas e estes não o saibam nem o percebam. Quando ele educa, o faz com sua existência pessoal, e se ele se acha incapaz de ensinar assim, é recomendável que mude de profissão.

Na verdade quero dizer o seguinte: a espontaneidade é o fator preponderante na educação e educar para a comunidade só é possível na medida em que existe comunialidade que educa para a comunidade. Desejo esclarecer isso, tomando como exemplo a educação na família. Creio que se é educado na família. Sou suficientemente conservador para acreditar que a família educa, se ela é realmente uma família, do mesmo modo que a verdadeira pessoa educa através da sua existência... De modo semelhante a família autêntica educa através de sua existência, uma vez que ela é necessariamente a menor célula da comunidade, indispensável para a construção desta comunidade. Uma autêntica comunidade que engloba toda a vida jamais será constituída por indivíduos, mas por células comunitárias, apesar de todas as crises pelas quais elas sempre passaram (e eu não menosprezo as crises da família). Reputo-as necessárias, não importa como se comporta nessas crises. Estas pequenas células são indispensáveis à construção da comunidade a esta célula educa para a comunidade na medida em que ela é realmente uma comunidade; não o faz, entretanto, através de propaganda consciente para a comunidade... As pessoas são educadas para a comunidade pela simples vida comunitária na qual nasceram e cresceram. Daí pode-se perguntar: e a escola, admitindo-se que é somente através da própria comunidade que as pessoas são educadas para a comunidade?

Que possibilidades são reconhecidas à escola para esse tipo de educação? Pode-se afirmar, à primeira vista, que as denominadas escolas particulares têm as maiores possibilidades. As escolas comunitárias são essencialmente comunidades. Isso parece ser basicamente assim... Surge, entretanto, um duplo problema. Experimentei e observei, em primeiro lugar, que nas escolas particulares — podemos retomar isso minuciosamente durante a discussão — não há, surpreendentemente (talvez eu generalize) quase comunidade entre os professores e entre os membros da administração. Isso é de suma importância. Quando vejo que numa escola particular não há comunidade entre o pessoal administrativo e o corpo docente, que o corpo docente é composto de indivíduos solitários, como pode surgir uma comunidade entre professores e alunos ou entre os próprios alunos? Como pode crescer um senso de comunidade e um conteúdo de comunidade entre estas pessoas e se estender para a vida na qual irão entrar? Tal problemática deve ser analisada juntamente com as grandes oportunidades da Escola particular. Há um tipo de escola que, presumo, apresenta um aspecto especialmente favorável: é a escola municipal... Não pretendo, com isso, supervalorizar a atual escola municipal; conheci algumas muito interessantes... Apesar da degeneração do campesinato, existe ainda nele um conteúdo de comunidade natural, incólume e provisoriamente imperturbável, e isso é, ouso dizer, vestígio de comunidade primitiva. Não me refiro à comunidade primitiva no sentido daquela sobre a qual falei anteriormente, a comunidade dinâmica. Mas vestígio de primitivas comunidades de comunhão, de antigas comunidades rurais, existentes ainda no meio rural, entre os mesmos camponeses que aceitam o sistema de dois filhos, vestígios de autênticos sentidos de comunidade... Alguns indivíduos descreveram os povoados onde ainda hoje vivem, nesta época de declínio. Estou dizendo *ainda*. Porém, embora insista nesse *ainda* — comunidade é comunidade, isto é, este elemento que lá existe pode nutrir-se do novo, do que está em desenvolvimento, creio que não se pode abstrair disso. Isto não significa que, de um lado, temos o romântico e de outro o moderno, de um lado o antigo e de outro o novo. Na verdade, ocorre que esta deterioração que se prepara deve passar de modo que a substância orgânica ainda permanece; alguém penetra através do abismo da deterioração levando para outro lado a substância orgânica. E o que ainda resta do autêntico campesinato é parte disso. Por isso, para o professor da escola rural, existe algo concreto a que ele pode referir-se. Se ele assim não o fizer, é sua a decisão. Há, porém, uma situação análoga no que se refere à escola pública-urbana.

As escolas públicas, tanto a primária como a secundária, não possuem nem o que a escola particular tem, a saber, ao menos a possibilidade de uma comunidade, nem a possibilidade de se referir à antiga tradição de comunidade como a escola rural. Creio, contudo, ser possível, na escola pública, a educação comunitária neste sentido, embora somente através de algo que é possível na vida moderna, somente através da iniciativa pessoal, na qual o homem moderno, em sua profissão freqüentemente não costuma investir. Gostaria de falar mais sobre isso durante a discussão. Parece-me que a situação na escola pública (urbana) só pode ser resolvida através da iniciativa pessoal do professor. Os professores que, atualmente, apesar de todas as dificuldades, arriscam a iniciativa pessoal e conseguem promover a educação comunitária, tais professores, creio eu, serão considerados pioneiros na época em que se ousar lançar um olhar retrospectivo para a experiência sobre a qual falo hoje.

Agora, o que significa, em última análise, que a educação para a comunidade acontece através da comunidade? Que é, realmente, educação para a comunidade? Concretamente, em termos pessoais, que é realizado? De que se trata? Que significa dizer de alunos — individualmente — que de indivíduos educados eles se tornam comunidade? Que é educado neles? Que é realizado neles? Que alteração se dá em sua estrutura espiritual e na estrutura de suas relações com o ambiente?...

Creio que educação é relação, é capacitação. Por esse termo relação entendo relação direta, isenta de propósitos, cujo fim é ela mesma, isto é, a capacidade para tal relação com as pessoas com as quais se convive. É para isso que a educação para a comunidade educa. Ela conduz pois, dos contatos indiretos entre os homens, às relações diretas, dos contatos movidos por interesses para as relações cujo fim são elas mesmas, pois todo os falsos relacionamentos que mencionei não acontecem somente entre os adultos, mas também entre as crianças. Observem as crianças de hoje. Embora todo este mecanismo aparentemente não esteja presente pelo fato de as crianças brincarem juntas e não possuírem um objetivo, na realidade... tudo o que existe naquele mecanismo está também presente no meio das crianças...

Desejo descrever mais detalhadamente. O que significa isso? Que é necessário para que uma pessoa entre em relação com outra? Que é indispensável, acima de tudo? Não sei se consigo deixar-lhes claro, por meio de conceitos, o que tenho em mente. Não posso descrevê-lo com outras palavras à não ser por esta simples expressão: "voltar-se para o outro", vale dizer, estabelecer relação autêntica e genuína com o outro. Para isso é essencial voltar-se para o outro como ele é... para a face vital desta outra pessoa como à sua própria face; que dois seres se tornem presentes mutuamente. Este "voltar-se para o outro" eu o denominei "dizer-Tu", e é a última exigência. Um homem pode considerar o outro como uma soma de propriedades cognoscíveis, utilizáveis, ou então,

93

ele pode conhecer o outro... reconhecê-lo, experienciá-lo naquele sentido específico, como a relação amorosa que às vezes é descrita como conhecimento. Nesta interação entre seres ele aprende a conhecer o outro não como soma de propriedades, mas como esta pessoa determinada, com um nome, que vive diante dele. Se se toma toda essa soma de propriedades não se tem nada dela, esta voz, esta pessoa. Refiro-me a esta pessoa que se defronta com uma verdadeira pessoa, única, com este nome. Chamá-la pelo nome, endereçar-lhe o "Tu" é voltar-se para esta unicidade. Expresso isso por meio de conceitos porque é algo esquecido, perdido. Mas, na verdade, o que quero dizer não é conceitualizável, é profundamente real. É a realidade sobre a qual se fundamenta a autêntica vida em comum dos homens. Tudo o mais não passa de mera aglomeração, um conjunto de indivíduos. Não quero falar dos estágios mais elevados onde se conhece não somente a partir de sua própria situação, mas também a partir da situação do outro, e, certamente, não quero referir-me ao mais alto grau onde se conhece a situação comum aos dois a partir da situação do outro. Desejo somente expor aqui os pressupostos para toda ação comunitária. Este "voltar-se" recíproco de pessoa a pessoa não é algo que exige esforço ou reflexão; é algo muito simples, a saber: o encontro do homem com seu semelhante. Acontece, porém, que isso foi esquecido e desprezado. Não é algo que devemos fazer, conquistar; devemos encontrar, sem cessar, no seio das difíceis e pesadas condições da vida contemporânea que nos deixa tão poucos momentos e atmosfera, tão pouca oportunidade para meditação, tão poucos instantes para o encontro conosco mesmos e até com o outro. Quando o homem se encontra mutuamente deste modo, haverá, sem dúvida, uma ruptura no mecanismo... É necessário, no entanto, que se deseje o que é positivamente real e simples; é mister consentir que isso aconteça. Porém, não quero, em suma, com isso dizer que se trata de egoísmo... É o oposto do egoísmo. Não existem egoístas. O que afeta e incomoda nossa época não é o egoísmo, mas o egotismo. Não significa que o homem queira toda sorte de coisas para si mesmo ou que relacione a si próprio tudo o que experimenta ou que ele não experiencie o outro como algo que viva diante dele, mas que ele considere o outro como sua própria vivência. O problema está na apropriação do outro, não no amor próprio. O problema está na internalização do mundo, em não se considerar o mundo como uma realidade com a qual a gente se defronta, que se experiencia como algo diferente, mas em se incluir o mundo na alma. São processos em uma única alma e nosso tempo conseguiu, inclusive, transformar Deus em uma vivência. Considero esta espiritualização algo negativo como a completa reificação...

Há pessoas que se ocupam de coisas com o intuito de tirar o melhor proveito delas e colher experiências. Tais são as formas de afastamento do mundo simples e natural. Na realidade, tais obstáculos são algo peculiar, abstrato, pois, de algum modo, se rompe a concretude do vivido...

Tais são os princípios gerais que de início desejei expor. Tudo o que acrescentar fá-lo-ei apenas por indicações. Poderemos discutir estes pontos posteriormente.

Já indiquei o que entendo por Educação para a Comunidade e afirmei que isso só pode ser realizado através da comunidade. Quero, à maneira de títulos de capítulos de uma obra, indicar-lhes que tipos de relação comunitária são capazes de atuar deste modo e que estão presentes na própria escola. Repito, fá-lo-ei brevemente.

Já o disse: relação comunitária que, aliás, quase sempre está ausente, *é um vínculo entre os professores:* comunidade entre os docentes, entre as pessoas que devem realizar esta obra mais difícil e mais séria de nosso tempo. É um verdadeiro elo entre pessoas. Admito que não é a totalidade do corpo docente, de autênticos professores, que irá ousar arriscar e assim venha a ter algo em comum.

Em segundo lugar: *relação comunitária entre professores e alunos:* que o professor esteja relacionado com o aluno com espírito comunitário para o qual ele quer educá-lo. De outro modo ele não poderá fazê-lo se o aluno — naqueles momentos calmos e não em instantes agitados — não o sentir como professor, se o aluno não perceber sem cessar (murmurando): "sim é isso". Assim a relação comunitária ocorre. Isso surge a partir deste fun-

95

damento, a saber, quando o professor tem o senso natural de comunidade, de acordo com seu ser, e o transmite a seu aluno, então ela surge, só então ela se irradia.

Uma outra exigência importante que intervém na organização da escola é a *interação entre as classes etárias*. Estas classes são muito separadas. Algumas escolas particulares procuraram solucionar isso, introduzindo aulas comuns. Isso é apenas um começo. Eu assisti a algumas destas aulas. Têm ainda um caráter provisório. Dever-se-ia encontrar uma possibilidade de estabelecer um contato com as classes de alunos de mais idade, assim elas teriam realmente de construir os interesses de vida para permutar... Isso, porém, deveria ser tarefa dos professores, dos educadores, daquelas pessoas que trabalham na escola.

Outra questão é a seguinte: uma real interação entre os *sexos*. Muitas pessoas que lidam com isso, encaram a questão de tal maneira que, de fato, tratam as meninas como se fossem meninos. É importante que as crianças de ambos os sexos sejam educadas juntas, isto é, que não seja instituído um terceiro sexo durante o período escolar, mas que haja uma verdadeira relação entre as pessoas que se desenvolvem de diversas maneiras, precisamente pela sua diversidade. Do mesmo modo, é extremamente importante que, hoje, as pessoas com cinqüenta anos de idade se entretenham com as de vinte, não com ar de condescendência, mas que se relacionem com elas livremente, sem reservas, revelando-se a elas...

Esta problemática que aqui se descortina, tornou-se para mim especialmente clara nas escolas particulares. Elas são como que oásis singulares, verdadeiras ilhas, clareiras. Este pequeno paraíso é alienado da sociedade moderna. Conheço escolas particulares cujos alunos desconhecem que indústrias existem na vizinhança. Este contato absurdo com o meio ambiente condiz com esta característica de oásis própria desses pequenos paraísos; e quando estas pessoas saem, chegam a um mundo para o qual não foram preparadas, então, ou são arruinadas, ou se adaptam de modo estranho, aderindo às regras da economia moderna, tanto quanto se possa a elas conformar. Conservam, no entanto, em suas casas, um santuário e horas consagradas durante as quais relembram o paraíso perdido. Tal comportamento é antidivino, é uma aceitação do absurdo que nada tem de comum com esta vida. Uma escola deve estar relacionada com a sociedade, tal como é e, cabe à escola, preparar os alunos para conhecer esta sociedade e inserir-se nela como em algo que deve ser penetrado com conteúdo de comunidade. As diversas instituições da sociedade devem ser conhecidas como são formadas em sua receptividade, isto é, cada segmento desta sociedade é considerado como carente de comunidade, que necessita de comunidade e como algo que pode ser realizado com a comunidade. E isso é plenamente possível.

Finalmente, deve-se apontar a questão, talvez a mais difícil: *A relação da escola com o lar.*

Neste aspecto a escola particular, aparentemente, está numa situação melhor e mais simples, uma vez que ela desconhece o lar. Os senhores sabem, porém, que as escolas particulares estão mais comumente relacionadas com lares destruídos... A influência destes lares sobre as crianças, durante as férias na escola particular, internato, é menos apreensível do que a influência do lar sobre as crianças em horas livres do dia nas escolas públicas.

As escolas públicas possuem uma instituição que até hoje não se tornou plenamente ativa, embora exista aqui e acolá. Terá, no entanto, enorme força no futuro. Trata-se dos "Conselhos de Pais". Há lugares onde existem realmente os conselhos de pais, isto é, uma comunidade de certo tipo, onde os pais realmente se relacionam mutuamente, e não se limitando cada mãe a falar de seu próprio filho, mas onde cada um se preocupa com o outro, formando um verdadeiro grupo coeso, onde os pais se encontram com os professores e com estes tratam de assuntos comuns. Devo mencionar que tais "Conselhos de Pais" são mais freqüentes em meios proletários do que em meios burgueses. O proletariado tem esta capacidade do contato solidário, da união de interesses, do tratamento comum.

Em meios burgueses isso é muito raro. A escola, penso eu, ou talvez os professores, deveriam atribuir-se a tarefa de levar a questão da comunidade para os lares, atrair lares para a obra, para o trabalho educacional na comunidade. Embora isso seja difícil, não é impossível. Não esqueço por um momento que é difícil exigir tudo isso do professor, tomado já por seus próprios deveres. Sei quão difícil é para ele cumprir as tarefas exteriores e — digo isso com coração pesado — não conheço outro caminho. Não conheço outra pessoa que pudesse realizar esta obra. Esta tarefa deveria ser levada também para o seio das famílias. Diria mesmo que deveriam colaborar na construção da família, pois os "Conselhos de Pais" iriam de sua parte influenciar a família.

Poder-se-ia ainda perguntar: o ensino? Posso tratar desse assunto brevemente. Há domínios de ensino onde é possível a formação do conhecimento sobre a comunidade. Por exemplo: a história. Ela pode ser ensinada não como a história dos Estados: que Estado se levantou contra qual, como se a história fosse a história do sucesso, como se Deus fosse, por assim dizer, o verdadeiro representante do sucesso. Ao contrário, quando se ensinar história, dever-se-ia partir da questão: quantas comunidades, em certa época, foram construídas entre os homens? Como, de que modo, com que dificuldades, sob que resistências estas batalhas subterrâneas — que são expressivamente mais importantes para a humanidade do que as batalhas abertas, visíveis, sobre as quais, aliás, se tem falado tanto — aconteceram? Refiro-me à batalha empreendida pela humanidade em se tornar uma comunidade. Creio que a história pode ser ensinada assim.

Ou, tomando outro exemplo: as línguas... Tive conhecimento, muitas vezes, de aulas de língua que eram realmente ensino de línguas, isto é, um ensino no qual o aluno aprendia algo sobre a vida da língua, vale dizer, sobre a língua dos homens em sua fala mútua... Um ensino que realmente apresenta a língua como a verdadeira fala entre os homens, um tipo peculiar do falar, relações especiais que aí são expressas e que são influenciadas pela língua. Como as relações humanas são influenciadas pela língua? Que ligação existe entre a história das relações humanas e a história da língua? Cada alteração de sentido de uma palavra tem provavelmente importância para a história das relações humanas.

É necessário tomar a língua como fala, como uma realidade que acontece e abrir todo este, por assim dizer, herbário de línguas que podem ser ensinadas, e dizer como que de cada planta, onde vive e cresce — do mesmo modo mostrar a "elocução" desta palavra e a história desta "elocução". É mais importante aprender 20 palavras desta natureza do que 500 de qualquer outra...

Sem dúvida, embora tal ensino seja importante, o seu caráter é muito mais importante que o seu conteúdo de comunidade... Em outras palavras, o fato de o professor ensinar comunidade de modo comunitário, "comunialmente", ou, então, que ele faça, acima de tudo, aquilo que é o alfa de toda educação, o contexto educacional que em vez de ser uma tarefa que o professor se impõe é algo que ele revela.

Nenhuma comunidade pode existir sem isso. Todas as associações políticas são anticomunitárias na medida em que cada uma delas acredita que apenas pode integrar uma comunidade através da força ou de outros meios de persuasão para que possa trazer vida para o seio delas, enquanto que o homem de fé acredita que os homens, em sua essência, pertencem uns aos outros, são todos de uma raça — uma raça divina, diz um poeta — que os homens são, em sua essência, ligados uns aos outros, e que basta compreender o homem verdadeiramente, deixá-lo crescer na verdade, educá-lo na verdade, para que esta ligação se torne manifesta e efetiva. Sem dúvida, o professor deve encontrar-se realmente com o aluno, deve dar-lhe o que tem, assim como a gente encontra o outro no Tu, oferece-se ao outro sem, no entanto, impor-se a ele, revela-se a ele estando disponível. Este tipo de encontro é a vida humana.

E, por último: as várias maneiras de os alunos estarem juntos: jogos, música, religião. São diversas maneiras de convivência que não têm outro objetivo senão a tensão que é a própria essência do conviver. O ensino não pode jamais ser despojado de finalidade, uma vez que as pessoas se congregam todas aí justamente para essa finalidade. O jogo, porém, assim como a música, é algo diferente, é descanso. Penso que estas reuniões comunitárias de alunos são muito importantes. Não pretendo falar das reuniões de caráter religioso, na realidade raramente elas existem. Tomemos estes exemplos. São importantes, mas encerram um perigo que deve ser apontado neste contexto. Há uma tentação, um perigo que afasta o homem da comunidade como tarefa. É o sentimento de "ter uma comunidade". Em algumas situações, o homem está engolfado em uma multidão de indivíduos pela qual é levado. O exemplo mais claro é a massa nos grandes momentos de época revolucionária. Este imenso sentimento do indivíduo em ser levado pelo movimento das massas é um sentimento de se ter uma comunidade. O mesmo acontece aqui ao transferirmos isso para a vida cotidiana, uma grande tentação do dinamismo da comunidade, de entrar na comunidade...

Todavia, este sentimento no jogo ou na música, de ser parte de uma multidão pela qual se é conduzido de modo que se permita entregar-se a outrem, é uma tentação estética. Por exemplo, se crianças fazem música juntas, ou então, se em uma escola se formou um quarteto, e então ensaiam juntas, é sumamente importante que cada um dos membros conheça a contribuição dos outros integrantes, isto é, que cada um observe o que o outro deve fazer, e que ele próprio não faz; que observe o cutro, perceba sua contribuição, que estabeleça relações nesta comunidade. E, dessa forma, o professor possa e deva influenciar algo assim, introduzir isso nessa organização estética. Ele pode conduzir à relação direta, tanto quanto é possível nesta situação. Pode conduzir do sentimento de se ter uma comunidade para a realização da comunidade, para o estabelecimento da comunidade, para o entrar em comunidade.

Não ventilei grande parte do assunto por ser demasiado vasto para ser incluído aqui. É a questão da realização da comunidade pelas pessoas que saíram da escola. Como entram na vida as pessoas que foram educadas assim? Em que medida levam um sentido de comunidade no âmbito da vida contemporânea? De que maneira, que conflitos, que lutas? Que aconteceria entre esta geração que se desenvolve desta maneira e o mundo contemporâneo? Algo aconteceria, algo muito diferente, essencialmente diferente do movimento de juventude.

Os homens que entraram no mundo egressos do movimento de juventude se perderam. Posso achar um e outro. No entanto, o encontro de uma geração que foi educada para a comunidade com o mundo contemporâneo seria muito diferente. Nada de heróico aconteceria, nada que fosse escrito com letras garrafais teria a visão do cotidiano, da realização humana. No final há muito na potencialidade deste momento, desta multidão humana, uma multidão que se coloca nesta verdadeira situação na qual se inseriu ao sair da escola e para a qual esta escola a preparou.

6. INDIVÍDUO E PESSOA — MASSA E COMUNIDADE [*]

Há alguns meses experimentei algo extraordinário. Fui convidado por alguém, vinculado a um Instituto, a observar sob o microscópio um fenômeno singular. Tratava-se de uma partícula do coração de um animal, ou mais precisamente, parte do coração de um embrião de galinha com cinco dias de idade. Podem os senhores imaginar um embrião de cinco dias, um organismo morto, a minúscula partícula de uma parte de um organismo imaturo. Ao microscópio podia-se observar que esta particulazinha se movia. Movimento claro, embora irregular, movimento palpitante, interrompido, mas que logo em seguida voltava a palpitar com maior intensidade. Ele não correspondia ao movimento rítmico do coração que pode ser representado, ao menos no caso de um coração sadio, por um gráfico mais ou menos regular. O movimento observado, ao contrário, era irregular, dificilmente predi-

[*] Conferência de 24 de janeiro de 1931.

zível; poderia mesmo causar admiração; existia um ritmo sem qualquer regularidade, impossível de se prever.

Para mim, foi uma das mais admiráveis experiências que já tive. Através dela algo se tornou bem claro para mim, a saber, que esta partícula de coração, extraída desta parte de um organismo que chamam coração, deste indivíduo parcial, extraída da escultura orgânica deste órgão, recuperou com isso, por assim dizer, uma individualidade. Imaginem que o coração tem um ritmo quase regular. Esta pequena partícula de coração não, mas apresentou algo irregular: um movimento. Se eu devo transpor para o plano humano, pode parecer cômico, mas não se deve rir. Esta pequena partícula de coração adquiriu, por assim dizer, uma biografia, como uma pessoa. Ela se tornou um indivíduo com uma história de vida. Ou então, ao se separar do coração este conjunto de células, ao se desligar o conjunto de células de um conjunto maior, foi criado um indivíduo com vida, com uma história deste pedaço inerte (morto) de uma substância orgânica. Este elemento do órgão, exercendo uma determinada função no organismo geral, adquiriu uma liberdade sem função, sem lei, a liberdade do indivíduo, uma liberdade que um indivíduo possuía, se pudermos imaginar em nossa fantasia... antes que ele formasse uma comunidade.

Não sei se, com estas referências fatuais, pude expressar-lhes, de algum modo, um pouco da emoção que senti através do processo do microscópio.

Compreendi, então, que sentido tem para um indivíduo, ser separado, por força de uma catástrofe, de um todo social, de uma sociedade com evidente valor para nós, de um Estado, de uma nação, ou, vale dizer, que sentido tem para uma multidão de indivíduos decompor-se em seus elementos constitutivos após uma catástrofe. E agora no caso do indivíduo em particular. Do estado de vínculo de evidente legalidade passa para a sua liberdade e isolamento individuais, experimentando grande angústia; procura agora o caminho, alguma via para o vínculo, para a comunidade, para o "não-abandonar-se-mais". Esta é, de certo modo, a história espiritual do homem da época do pós-guerra. A história de um homem que foi excluído de um contexto social que lhe era familiar, evidente, quase tão evidente como um organismo ao qual uma individualidade, denominada órgão, está vinculada, e agora, sobrevém a dúvida de tal existência em descobrir o caminho certo sem voltar-se para trás, mas de algum modo a atingi-lo.

O futuro deste homem de quem falamos está nesta procura. Esta busca é o início da problemática especial das relações entre pessoa e massa que hoje vivenciamos. Tal relação tem um valor especial, mas atualmente está vinculada a uma singular confusão de conceitos. É compreensível que tal confusão conceitual seja parte, por assim dizer, de um processo catastrófico. O que quero dizer hoje é tão-somente uma pequena contribuição para o esclarecimento dos conceitos em pauta. Embora não se possa eliminar a confusão, é possível tentar cada vez mais atingir maior clareza a esse respeito.

A primeira questão é atualmente um tanto supérflua, mas a mim me parece ainda inevitável; que vem a ser, em última análise, um indivíduo? Trata-se o indivíduo de hoje, como se fora algo facilmente acomodável, adaptável, no contexto, digamos, da causalidade científica. Creio que não se trata disso. Na minha opinião a unicidade do indivíduo, seu caráter singular que, na verdade, é incomparável, não pode ser deduzida por nenhum método científico. Podemos considerar, por exemplo, uma pessoa, um ser. Tomemos o caso de um homem, ou melhor, uma criança. Imaginem os senhores que consigamos fazer isso e descrever, uma após outra, todas as qualidades corporais e espirituais, de modo a obter, finalmente, uma soma de qualidades, ou um inventário deste indivíduo. Nosso método seria tão completo que poderíamos escrever, para todas essas qualidades, toda a história de sua origem, e deste modo, apresentar todo o esquema de desenvolvimento. Quando tivermos escrito tudo isso, todo o inventário deste indivíduo, não teremos compreendido nada desta unicidade, da singularidade desta feição do rosto, deste sistema de movimentos, desta voz. Tendo compilado tudo isso, não poderíamos dizer simplesmente nada sobre o segredo deste determinado ser que vive aqui conosco, neste lugar da terra, entre este e aquele momento do tempo. Este segredo permaneceria intato ao nosso procedimento. Este indivíduo é a própria incompreensibilidade, essa resistência ao conhecimento da existência, da unidade de cada um de nós, esta resistência do ser. Afirmo que é isso que o indivíduo expressa. Este segredo encerra uma misteriosa tarefa que não é definida nem pelo próprio indivíduo em solilóquio...

Parece-me que é a partir deste singular ponto de partida que se coloca a questão. Por esta razão é, sem dúvida, tolice falar de individualismo, a que, por assim dizer, se aspira ou que se exige. O individualismo não é um fato; é algo do espírito, da fantasia, não é um fato da existência. Não tem sentido reclamar a existência do individualismo. Diria mesmo que o individualismo como todos os "ismos", é uma teoria inadequada, desnecessária e até absurda, que não pode ser superada por qualquer aspiração. Por exemplo, o "ismo" em personalismo. Que quer dizer? Significa que o importante não é o indivíduo, mas a pessoa, ou a personalidade. Obviamente, isso é diferente do individualismo. No entanto, não é fácil compreender-se o que seja a personalidade. É aquilo que diferencia a pessoa humana de um indivíduo humano. Parece-me que a diferença essencial, quando se acrescenta a personalidade ao indivíduo é a seguinte: a pessoa * estabelece uma relação autêntica, real e total com o mundo e com os outros. Não se trata, pois, de algo como o desenvolvimento ou a evolução de um individualismo, mas antes, do fato de que este indivíduo vive realmente com o mundo onde ele está situado, com os seres com os quais ele pode estabelecer relações imediatas. Trata-se, além disso, desta vida no mundo e com o mundo, situada nesta estrutura primordialmente dada. No entanto, não é deste modo que esta vida experiencia toda sorte de coisas, como se diz, e que enriquece sua alma, não é deste modo que ela experiencia a imaginação, as sensações, os sentimentos... e outras coisas...

Ao contrário, a personalidade se realiza na relação com os outros. Em outros termos, ela não é aquilo que, por assim dizer, jorra para fora do indivíduo. Personalidade é, propriamente, se posso expressar de modo para-

* Para a noção de pessoa, ver *Eu e Tu*, pp. 73 e ss. São Paulo, Edição Cortez & Moraes, 1978, elaborada por mim (N. do T).

doxal, aquilo que existe entre este ser e o mundo e se relaciona com este indivíduo. Assim, a vida, se estiver relacionada com a existência deste indivíduo, conduz esta pessoa à relação entre este indivíduo e a existência do mundo. Com isso, já disse que a personalidade jamais poderá ser um fim.

A personalidade jamais pode ser formada como algo desejado, pois é exatamente o espontâneo, a imediaticidade, a autenticidade profunda, o não-intencionado, o não-preparado, o inacabado da vida com os seres com o mundo que conduz à personalidade. E isso não pode ser controlado. Toda personalidade que procura um fim é uma personalidade fictícia. Só é real aquilo que cresceu e experimentou a si mesmo. Assim a relação do mundo com o "si-próprio" é parte da personalidade, como também a inefabilidade da relação entre dois seres: aquele que me experimenta como eu o experimento, através do qual experimento-me como limitado. Limitado, realmente limitado, como minha mão é limitada por esta madeira que toca e ao mesmo tempo a completa, não só no amor mas também no ódio. Digo este... mundo e tu, é isso que constrói a personalidade. Ela pode ser compreendida a partir deste aspecto e nunca a partir de si própria.

A personalidade só pode ser compreendida a partir desta perspectiva, e nunca a partir de si própria. Portanto, somente a partir da arbitrariedade do ser que define sua situação no mundo pela relação com outros seres, será determinado o ser que responde, de acordo com a vida, a tudo aquilo que ela faz surgir do mundo e de todos os seres.

É por esta razão que o individualismo e, por outro lado, bem como o chamado coletivismo, é algo questionável. Não se pode construir um "ismo" e partir de um fato fundamental como..., e, mais, é impossível construir um "ismo" a partir deste imenso "estar-inserido-no-todo" no seio do qual a todos os seres humanos encontram-se mutuamente; não é possível elaborar um "ismo" e declarar que não é o indivíduo que importa, mas a coletividade. Se se trata de coletividade — à qual me referi — com a qual somos conduzidos juntos pela vida, então não é necessário que seja expresso com um "ismo". Além disso, se quisermos, de algum modo, fazer justiça a ambos — indivíduo e coletividade — à realidade que é significada com isso, então devemos considerá-la em sua total facticidade. Devemos investigar em que grau existem realmente indivíduos até as profundezas do segredo da pessoa humana, e em que grau existe realmente coletividade, até o extremo limite do infinito onde nossa verificação não pode mais atingir.

Talvez possa esclarecer melhor, através de exemplos, aquilo que quero dizer. Quão duvidoso é o coletivo a que me refiro? Quão crítico é saltar por sobre a seriedade da facticidade e do indivíduo situado neste mundo... de círculos de coletividade, quão arriscado é saltar sobre isso para esta fugacidade e inadequação desta visão de mundo, como neste "ismo"? Quero dar alguns exemplos. Um exemplo comum é a Nação. Antes de tudo, Nação é certamente um outro tipo de consideração, uma outra coletivização. Nação é o povo visto na sua separação de outros povos. Penso que o conceito de nação tem seu sentido no fato de existirem outros povos dos quais um povo em particular se distingue, com relação aos quais ele se afirma. Enquanto isso acontece na evidência dos processos orgânicos históricos, não se transgride a existência da nação enquanto tal. Por outro lado, se um povo vigoroso e forte vive ao lado de outros povos e se afirma de modo natural e histórico ao lado deles e em relação a eles, então podemos falar de uma nação. Porém parece-me que não podemos falar de consciência nacional. Seria o mesmo se cada um de nós se ocupasse com o fato de possuir olhos. Não temos disso, no entanto, uma subconsciência. Quando nossos olhos estão doentes, tornamo-nos conscientes deles, somente então experimentamos que temos consciência da visão.

Quando algo não está em ordem nesta vida nacional, a consciência nacional é um sintoma da doença. E quando a doença se propaga e procuramos restabelecer, de algum modo, a condição normal, sabemos que acontece aquele peculiar fenômeno que se chama nação. A coletividade se torna questionável quando, em vez de se viver nela, de ser responsável por esta vida, por esta vida com a comunidade, em vez de lhe fazer justiça, ela se torna um "ismo", uma visão de mundo ou um programa político. Quando falamos de povo, queremos dizer com isso a singular vida desta totalidade: sua língua, sua vida, costumes, a vida de suas próprias ordens não em relação com outros povos, mas em si mesmo. O conceito de povo é incomparável pelo fato de ele, devo dizer, basear-se em si mesmo, e não deixar tornar-se uma visão de mundo. Ele não se presta a isso. O conceito de povo é algo que existe em si e que não aspira transcender a si mesmo. Somente assim existe povo. Sem dúvida, vivemos numa época, os últimos séculos, na qual povo, neste sentido de autocorrelação, é como as pessoas. Um grupo é algo natural que vive no mundo e com o mundo e experiencia esta vida em relação a si mesmo. Vivemos na época da queda do povo. Devo dizer isso e constatar sem melancolia romântica. É um fato histórico que o povo, há séculos, se vem degradando paulatinamente, que partes cada vez maiores caem no casual. E nesta queda, se considerarmos uma terra como a Alemanha, poder-se-ia quase procurar apontar, no mapa, onde, na Alemanha, ainda existe povo. Sem romantismo, pode-se indicar estatisticamente se existe ainda um povo. Creio que seria certamente muito revelador. Povo é comunidade. Comunidade natural, vale dizer, a vida comum dos homens, vida que é mais antiga que os próprios homens.

E, agora, massa não é certamente isso; não é uma estrutura. Massa é especificamente uma necessidade, uma multiplicidade de homens; não se deve entendê-la afirmando-se "é isso ou aquilo", mas antes por proposições do tipo "não é isso, não é aquilo". A massa é algo que não é. Cada massa existe nesta indagação, nessa insatisfação, neste "ainda-não-ser", neste outro, neste desejo de algo mais, nesta necessidade. A massa aspira por algo que está em devir; massa não é algo permanente, massa é algo carente. A vida da massa está no movimento desta carência, na expressão desta carência, na emergência desta necessidade. A massa é realmente aquilo que denominamos massa atual. Podemos, também, falar em massas secretas, mas que sempre estão voltadas para esta e que devem ser compreendidas e definidas a partir destas manifestações. Ela quer proclamar, ela quer mudar e vir a ser. A massa consiste na mutiplicidade de homens, na necessidade de vida e de desenvolvimento cuja emergência é enraizada e irreal. Em outros termos, a forma original do povo desfaz a necessidade dessa queda, dessa decomposição em algo sem forma, mas que, no entanto, deve ser recomposto em algo terrível, mas que aspira à salvação, isso é a massa.

Desta forma, massa não é algo, como hoje se pretende aceitar, como um componente histórico permanente; é, antes, uma transição, uma transição que, pela vontade do homem, é intransponível em sua existência, transição da comunidade, que chamamos povo. Sentimos que não se trata de uma escultura, uma forma, uma vida autônoma, mas uma passagem através desta porta escura, através da qual a história deve passar, sem saber para onde; estamos no meio disso.

Porém, nós não temos simplesmente o fenômeno das massas enquanto tal, mas temos o fenômeno das massas organizadas. Isso é algo peculiar. Na realidade, as massas vivem realmente no momento em que elas se revelam, quando toda insatisfação concentrada encontra uma expressão consentida. Toda massa é, em última análise, em sua essência, revolucionária. Esta massa, no momento da expressão, é a massa sustentada por fatores organizadores. Massa organizada significa aquela massa que pode ser sustentada permanentemente no estado de expressão, no estado de autoconsciência interna. Pensem os senhores no que disse do Nacional-Socialismo. Do mesmo modo, há aqui uma determinada consciência de massa que é cultivada, estimulada e organizada. Deseja-se fazer desta atualidade da massa uma instituição permanente e, de certo modo, chega-se a isso.

Qual é a relação do indivíduo com a massa? Qual a relação da personalidade com a massa; do homem especial e único em sua condição, na sua condição real, por exemplo, no momento de uma tensão quando é incapaz de se expressar, quando está tomado de carga emocional?

Que acontece? Ele será engolfado pela massa e será por ela conduzido não como personalidade, mas como indivíduo. Porém, não é igualmente fácil dizer o que acontece com a pessoa que se aproxima da massa, isto é, uma pessoa que vincula e associa seus negócios e inte-

resses com os interesses da massa. Se é a personalidade
no sentido a que me referi, então sua relação não é tão
simples. De fato é uma contradição. É um assunto bem
conflitante. De um lado, há o "ser-suportado", de outro,
a contradição multifacetada proveniente do ser total, da
massa contra a legitimidade dessa vida pessoal. Às vezes
se ironizou sobre o que acontece à pessoa que aderiu à
massa. Este compromisso pelo qual a personalidade é
ameaçada pela massa, este tornar-se aceito na apatia da
massa, significa que o homem que estabelece relação com
a massa, foi arrebatado pela imensa necessidade de vida
e de transformação, que encontra sua expressão na massa,
mas que em sua existência pessoal, relacionou o mundo
e o Tu consigo mesmo. Este compromisso se tornou novamente questionável. Segue-se daí que a pessoa tem uma
responsabilidade peculiar diante da massa. Creio que o
homem como pessoa, numa época em que aquele produto
de decomposição se tornou tão grande, não deve afastar-se dela. Se este homem renuncia a esta individualidade
e se apresenta diante da massa, ele só pode fazer isso na
medida em que se entrega a ela sem, no entanto, ren-
der-se a ela, na medida em que a ajuda, a defende e ao
mesmo tempo a domina. Em outros termos, aquela condição na época anterior à guerra, do homem pessoal,
quando acreditava poder existir com a massa, já não existe e não pode mais ser recuperada. A guerra e a história
do período da guerra agiram como a manifestação da impossibilidade dessa existência da personalidade ao lado da
massa. Esta questionabilidade, ou devo dizer, a deprecia-
ção do homem isolado numa época em que existe algo
como esta massa apática e sofredora, já foi descoberta e
não há mais retorno. A questão desta descoberta é essa:
e agora? Os senhores sabem que, após a guerra, houve
uma situação que, como mencionei no início, relembra
de certo modo uma parte desprendida de um organismo,
a saber, homens que são desvinculados daqueles contextos da existência do povo ou da existência da nação, nos
quais eles acreditavam e de cuja realidade não se deve
duvidar. Se os senhores indagam "como eles formaram
uma totalidade"? a primeira resposta é aquela dada pela
primeira geração após a guerra: eles tentaram fundar comunidades. Tentaram, pois foi mostrado que não existe

um vínculo entre todos. O isolamento fundamental da pessoa ficou evidenciado. Eles esforçaram-se por estabelecer comunidades, encontros, colônias de toda espécie. Na verdade, comunidades orgânicas, vinculações vividas, autênticas, de homens não podiam ser estabelecidas. Todos conhecem o naufrágio destes empreendedores românticos. E, agora, surge a nova geração que hoje vemos tão claramente. Esta é a geração que projeta esta procura, todo este romantismo à parte, e que aceita a massa como a totalidade real. A massa amorfa, a necessidade de transformação na liberdade informe, é esta a massa que ela aceita. Em outras palavras, podemos imaginar que uma partícula do coração, que não retorna nem ao coração nem ao organismo, procura transformar-se em um elemento constitutivo do todo humano a fim de, aí, aderir novamente à totalidade. A massa é uma máquina de grande tensão, de intensa energia, mas não é um organismo. É duvidoso que haja algo de grandioso neste empreendimento desta geração, apesar de muitos sacrifícios, quando se observa no que se transformaram estes homens. Pode-se ver como se transformaram; observa-se que perderam duas coisas, coisas que a personalidade constrói, a saber: o mundo, o Tu e, de certo modo, a si mesmos. Quero dizer que estes homens têm esta dedicação para com a massa mas não estabelecem mais relações com o mundo. Não creio que algum destes homens realmente perceba o que isso é para o mundo, esta infinidade na qual se está inserido neste pequeno lugar, neste pequeno contexto, não creio que se possa realmente experimentar, tornar-se unido com isso, mesmo nas mais longínquas estrelas, com os olhos que encontram esta luz, com o poder da imaginação que procura compreender este corpo mundano como realidade na indescritível interação ao cósmico. Creio que o homem que se rendeu às massas perdeu tudo isso.

A outra realidade é o Tu. Em todas essas admiráveis e dignas devoções, é sempre raro encontrar o simples relacionamento da vida em comum com um homem com o qual se está ligado no trabalho, nos negócios, no sindicato, na agremiação, no partido. É raro encontrar o simples intercâmbio entre um ser e outro, mesmo onde há relações pessoais, como as de amizade, relações entre os sexos. Acontece aí, como se diz, uma peculiar objetivação que, na realidade, é alienação. Não se pode negar que tanto o mundo quanto o Tu estavam presentes na fase da disposição para a comunidade. A nova geração renunciou a isso decisivamente. Já indiquei que é somente em conexão com o mundo e com o Tu que o "si-mesmo" se desenvolverá e se relacionará com ambos. Da perspectiva da massa, se eu dissesse isso a algum dos homens dos quais falei aqui, ele não me contestaria. A vida privada não conta mais. Trata-se de promover os interesses da massa à qual me dediquei. Nós renunciamos a este luxo de desfrutar da vida privada. Trata-se agora das penosas lutas da massa, da promoção das exigências mais primitivas desta ou até da salvação das massas. Todo este acerto de contas não tem mais valor algum. Deve-se perguntar sobre a responsabilidade vital da pessoa diante das massas, às quais ela se devota desta maneira. Quando se pergunta a tal homem: você exige isso e aquilo das massas, quer ajudá-las a atingir tal objetivo, que é que acontece com a realização de tudo isso no âmbito da vida pessoal? Ele responde: não temos tempo para isso. Não podemos nos ocupar com a construção de um oásis de socialismo na sociedade capitalista. Temos de assumir a sociedade capitalista tal como é, ou seja, este arranjo provisório deve ser assumido como tal. Isso é fundamentalmente falso... Em termos de história mundial isso não é possível. É como se um homem pudesse trabalhar por um ideal e viver diferentemente, de modo fundamentalmente diferente, independente desta finalidade em sua vida pessoal. Não me refiro ao destino pessoal do indivíduo... Ao contrário, entendo que, deste modo, quando homens pretendem procurar alguma coisa, e tentam promovê-lo sem realizá-lo ou sem realizar aquilo que é possível, segundo suas forças, em suas situações, então esta promoção é ilusória. Não é possível dividir entre o ideal que está aí para o qual alguém se dirige esperançosamente e a realização que ocorrerá. Não se trata também de se poder confiar na forma futura e dizer: "eu me sacrifico agora, eu abandono esta minha vida para servir àquele futuro". Do mesmo modo é falso crer que após uma revolução ocorre imensa fertilidade de valores e que a humanidade revolucionária produz tudo de si mesma; é igualmente falso assumir a teoria moderna segundo a

113

qual uma ordem provisória que for instalada estará de algum modo propensa a desaparecer ou possa estar inclinada a desaparecer. Esta fertilidade não existe, como também não existe esta extinção de um Estado centralizador de poder. Existe somente a vida real dos homens, a vida pessoal. Construa aqui e agora o que deve ser construído e se não se construir agora, através da vida dos homens, então nenhuma construção será correta, não haverá nada. Portanto, esta imagem que os homens têm de uma construção futura ora em ação, esta imagem que age sobre a matéria de suas próprias vidas em seus vínculos de vida, isto é o pressuposto para que haja uma construção. Esboço de uma futura construção social existe somente na forma da vida pessoal recíproca entre os homens. Se não houver tal esboço não haverá tal construção em país algum. A outra responsabilidade da pessoa é a responsabilidade para com o Universo. Não se trata de a pessoa observar sua posição em relação à massa como uma realização daquilo que a massa deseja. Responsabilidade significa resposta autêntica àquilo que se apresenta a alguém a partir da imensa necessidade de vida e transformação da massa. Resposta não significa eco; ao contrário, quer dizer que esta personalidade, tal como é, vinculou o mundo e o Tu com o si-mesmo; que ela realmente responde a uma necessidade, e, responder realmente a uma necessidade significa não procurar simplesmente silenciá-la. Imagine que um dos senhores se defronte com uma necessidade pessoal; certamente o primeiro impulso seria aboli-la. Mas, então, surgiria a difícil questão, a saber: se isso realmente auxiliou este homem, se não há na existência de um homem uma necessidade que seja mais profunda que esta que ele conhece; não devo eu conhecê-lo, reconhecê-lo de modo a suprimir a necessidade a respeito da qual ele nada sabe? Não deveria eu, em vez de me contentar com sua consciência, reconhecer a necessidade de sua existência e tentar remediá-la? É direito para com a massa parar aí. Existe uma ausência de necessidade da massa quando, por exemplo, — aliás, o que é diretamente mais compreensível do que isso? — ela exige tempo mais curto de trabalho. Porém, quando os homens realmente respondem à massa, e não à maneira de eco, então estas pessoas devem perguntar em que consiste, em última análise, a necessidade existencial da massa. Consiste, por acaso, no fato de se trabalhar 10, 9, 8 ou 7 horas, ou no fato de a vida ser separada em duas partes? Isso significa responder realmente à necessidade da massa, à necessidade de vida de transformação? É resposta satisfatória o fato de que lutar por um dia de 8 horas significa ter feito bastante? Isto não basta. Creio que um grande mal não pode ser superado pela diminuição do tempo, que um dia de trabalho de 7 horas não encerra em si, menos vida do que um dia de 8 horas. É esta a necessidade do homem, necessidade existencial da criatura humana que não deve tolerar que a vida seja dilacerada em um tempo de trabalho tão racionalizado, de modo tão desumano. Afirmo que a responsabilidade para com a massa significa eliminação da necessidade, vale dizer, responsabilidade não só daquilo que estas pessoas precisam ou acreditam necessitar, mas, ao contrário, para com a sua existência natural e daí para com as tarefas sociais, técnicas e recorrentes; a racionalização deve começar pela existência humana. E, para terminar, devo avançar mais um passo. A massa é, em sua essência... algo flexível. Ela não é comunidade, porém o fato de o homem encarar a massa com devoção não deve ser entendido como desgraça. Deve-se, simplesmente, tomar conhecimento. Em toda parte ela tem que ver com os homens; se os leva a sério, se estabelece relações diretas com eles, então a cada momento, a cada hora, cada dia, cada vez mais, a comunidade se torna possível, surgirá a comunidade no seio desta existência da massa informe. Algo se prepara; não significa, porém, que a massa seja substituída como que por milagre. A comunidade só será construída a partir da comunidade de pequenas comunidades; e isso é tão importante hoje que, por exemplo, o casamento, embora atravesse grande crise, é preservado como forma de comunidade e sai do abismo desta crise; do mesmo modo é importante que se formem nas massas organizadas, autênticas comunidades, autêntica camaradagem, autêntica vida em comum. O homem como pessoa que se dedica à massa pode construir com isso mais intensamente do que qualquer um que simplesmente se engolfe na massa. Tal é a diferença entre a falsa e a verdadeira dedicação. Em épocas passadas houve a assim denominada independên-

cia das massas. Existe uma nova e autêntica independência. Viver e resistir, viver e opor-se é, ao mesmo, insinuar uma solução para o grande problema da relação. Não existe mais a chamada relação com a personalidade, e se ocorre ainda algo semelhante, isso não passa de aparência. Um dia surgirá uma auto-ilusão concernente à realidade na qual se está inserido. Não pode haver relação, pois a personalidade não é um fim. Não se pode construir uma personalidade a partir de si mesmo e nem a partir de outros. E também a educação que, como às vezes se ouve atualmente proclamar, faz parte da massa, não tem sentido; é absurdo fazer dela algo orgânico, um componente de uma unidade de tempo tensa mas espiritual...
Isto não é um componente da massa, mas um membro vivo da comunidade que na massa e através dela, através da organização, da formação da massa, pode vir a ser um membro da comunidade. Portanto, não significa que se possa escolher entre a massa e o segredo ao qual a pessoa humana viva resiste, mas que se entregue às massas justamente com toda a natureza contraditória pelo fato de as acompanhar. Então o homem pessoal irá aprender, talvez possamos esperar que o homem do dia de amanhã olhe o firmamento e veja a facticidade com fatos inexoráveis e implacáveis e perceba a facticidade em volta de si. Ele penetra neste espantoso e enorme contexto e avança passo a passo em direção das relações imediatas com os homens que encontra. Ele assume o dever da hora, o terrível dever da hora e serve ao mistério que ele primeiramente... em sua singularidade, em sua singularidade pessoal e que, em última análise, está unido ao fim que tem em mente e do qual ele procura aproximar-se com estes passos lentos.

7. INDIVIDUALISMO E COLETIVISMO *

Senhoras e Senhores. Minha intenção, ao iniciar esta palestra, não é outra senão torná-la possível; em outras palavras, não quero fazer-lhes um discurso, mas somente indicar alguns pontos que, na minha opinião, importa discutir.

Hans Trüb disse, com razão, em todas estas lembranças amigáveis a que se referiu, que eu me desliguei da Europa, vale dizer, do Ocidente, por vários anos — mais precisamente, por oito anos, ou então, nove não contando uma curta visita à Europa na maior parte entre 1939-45. Assim, aquele diálogo que aqui mantive, que me era familiar e sempre estimulante e no qual concentrava o sentido da minha permanência no Ocidente, cessou. Embora eu seja imensamente grato à Palestina e especialmente ao Oriente Médio, nada substituiu este diálogo tal como era. Estou propenso a aceitar que, na realidade, é aqui que acontece

* Palestra proferida em 7 de julho de 1947.

117

meu diálogo com o homem ocidental, que tem aqui seu lugar, com toda a grandeza e tragédia inerente ao viver neste lugar.

Esta viagem que empreendi à Europa, após aquela interrupção, me é particularmente significativa. Mal posso esclarecer o que desejo tratar com os senhores, sem antes mencionar algo bem pessoal. Tinha a intenção — e isso era algo evidente a cujo respeito eu poderia falar também na Palestina, pois era uma intenção que seria possível propor-se a pretender realizar — eu tinha a intenção de ver a Europa tal como ela é, no momento, e os senhores não me levarão a mal, se eu disser que não era a Suíça ou a Suécia que desejaria ver em primeiro lugar — países que já vi; aliás, tais encontros me foram muito significativos. Mas, ao dizer "Europa" refiro-me, antes de tudo, à Europa atingida, mudada por esta ofensa, por este ataque. Sem dúvida há algo aqui e na Suécia, mas o principal eu realmente vi nos lugares onde havia verdadeira aniquilação de coisas e de pessoas. Eu desejava observar e experimentar esta Europa mudada, e isso eu fiz. Raramente, talvez nunca em minha vida, a mera observação de fenômenos, de coisas, de homens, de contextos teve tamanho impacto sobre mim, como este, e provocou tal mudança substancial em meu coração. Mas além disso, afora esta intenção que se realizou nestes três meses — por certo de modo totalmente diverso daquele que eu havia imaginado, pois não poderia fazer esta imagem através dos livros, notícias de jornal e informações orais — eu tinha outra intenção da qual temia falar lá e sobre a qual desejo falar hoje. Esta noite, quando toda esta série oficial de conferências, finalidade desta viagem, já se encerrou, desejaria, ou melhor, não desejaria, esperava que me fosse possível, talvez, retomar o diálogo com o homem ocidental, diálogo que foi, então, interrompido, ou melhor, rompido. Digo "com o homem ocidental", pois não quero considerar-me ligado nem ao Oriente, nem ao Ocidente, a nenhum dos dois; melhor falando, tenho laços íntimos com ambos e quero preservar esta intimidade até o fim. Desejaria retomar este diálogo interrompido com o homem ocidental, mas algo assim não depende da própria vontade. Alguém pode propor-se ver, perceber e reconhecer algo; iniciar, retomar um diálogo não se pode pretender... Eu não sabia se o homem europeu, que experimentou tudo o que lhe aconteceu, foi capaz, é capaz deste diálogo realmente livre, sem reservas, direto. Notei, nesta viagem, para minha mais agradável surpresa, que tal disposição para o diálogo — experimentei-o de modo mais intenso nos países atingidos — não está simplesmente presente, mas que se formou uma nova abertura do homem, abertura que antes não existia em tal proporção, abertura para ouvir, para receber, abertura também no sentido de um auto-envolvimento, ou de certa recusa em se auto-reprimir. Esta foi uma grande experiência. Tive-a em todos os países pelos quais passei (a Suíça foi o sexto país). Porém, de modo mais vivido e especialmente numa atmosfera calorosa, cordial e afetuosa, na Holanda. E indo mais longe e mais profundamente, tão longe e tão profundamente que a cada dia eu me admirava mais da terra que, na lembrança, me era tão diferente; a cada dia eu me admirava mais destes homens que na lembrança me pareciam tão diferentes, e que neste momento eu imaginei tão diferentes. Refiro-me à Inglaterra. Lá, curiosamente, este diálogo não foi iniciado por mim. Na verdade, aconteceu que durante o tempo em que estive ausente, em todo caso, nos últimos anos, meus livros, que em parte ainda não haviam chegado à Alemanha, foram traduzidos. E, especialmente na Inglaterra, tive esta experiência singularmente estimulante para mim, de os homens que encontrei me solicitarem discutisse com eles sobre o que me preocupava, sobre estas coisas que me eram mais importantes desde a época lembrada por Hans Trüb. Tais homens assim o faziam com base naquilo que haviam lido nos meus livros e que, como já disse, em parte não era disponível na Alemanha. Desejavam que eu lhes explicasse e completasse o que tinha sido publicado e talvez parecesse, em alguns pontos, demasiadamente conciso; que eu o esclarecesse de algum modo, pois como acontece no diálogo pessoal, neste singular processo em que a pessoa se coloca diante da palavra e através desta presença, como mero locutor, se responsabiliza por esta palavra, quase diria, interpreta algo através desta atitude; assim parece ter acontecido. Eu trago comigo todas estas experiências — e há muito que dizer —; trouxe-as comigo quando vim para a Suíça, terra à qual tenho estado ligado de modo especialmente dialó-

119

gico. E esta vinda à Suíça, no seio destas experiências relatadas, tem um caráter e um valor especiais para mim, a saber, que pela primeira vez eu tenho de falar novamente com pessoas de língua alemã; e aqui devo, novamente, relatar-lhes algo pessoal.

Durante estes nove anos de minha vida em Jerusalém, não publiquei nada em alemão. Por desejo ou impulso próprios, por minha própria iniciativa, publiquei só em hebraico. Neste idioma editei nove volumes; e, note-se, sinto mais dificuldade em escrever em hebraico do que em alemão. Escrevi, também, no entanto, quase tudo em alemão, aliás por um impulso inexplicável, não porque imaginasse que ainda pudesse publicar em alemão, pois na época isso não parecia possível. Não imaginei que pudesse publicar na Suíça, como aconteceu agora. Acreditava que dificilmente poderia editar novamente em alemão. E, no entanto, tinha necessidade de escrever quase tudo em alemão. Cheguei até a escrever um livro em alemão, antes de escrevê-lo em hebraico, talvez, — o quanto possa imaginar — por causa de um desejo de permanecer naquele intenso contato com a língua alemã, naquela relação amorosa na qual vivera. Não queria, não podia abandoná-la, pois ela, a língua alemã, não me abandonou. E nada do que aconteceu na Alemanha e a partir da Alemanha, a partir de muitas pessoas alemãs — não a partir do povo alemão, pois desconheço este conceito neste contexto — mas a partir de muitas pessoas alemãs nessa época, nada daquilo pode, mal ouso dizê-lo, alterar o meu grande amor pela língua alemã. Uma outra língua, a dos antepassados, aproximou-se dela com seu próprio direito, sem, no entanto, desalojá-la. E esta coincidência surpreendente pelo fato de que justamente nestes dias, para minha admiração, — eu não sabia, mas Hans Trüb sabia — surgiu aqui um livro, cuja publicação eu ignorava, um livro contendo os trabalhos de todo esse período, sobre estes assuntos dialógicos*. O livro recentemente publicado reforça e completa este caráter e este valor especiais do reencontro com pessoas de língua alemã na Suíça. E, quando meu amigo Hans Trüb me solicitou que apresentasse uma dis-

---

* Trata-se da obra *Dialogisches Leben. Gessamelte philosophische und padogogische Schriften*. (N. do T).

cussão, ou como se diz, uma palestra, então escolhi por tema, porém com o cunho especial que este tema se apresentou para mim na Palestina — surpreendentemente só no último período — o que denomino *para além do Individualismo e do Coletivismo.*

Tratei este tema, aliás, neste livro, no seu último capítulo. O tema foi expresso nestes termos pela primeira vez para uma edição inglesa da maior parte deste trabalho. Tive de escrever, para esta edição, um capítulo final, ou melhor, procurei reelaborar o capítulo final da última parte do livro, para a pessoa inglesa que mostrou compreendê-lo muito bem, desde a publicação da obra em inglês, há alguns anos. Eu disse à pessoa interessada que desejava rever alguns problemas específicos e então escrevi o último capítulo que permaneceu somente como esboço. Quem ler a obra irá perceber. Tive a intenção de apresentar apenas alguns pontos como para mostrar: "por aqui e por aqui deve-se começar", "isto deve ser explicado", "isto não explico ainda"; "isto não posso explicar, satisfatoriamente, mas já posso indicar pistas"; "isto e aquilo são pontos de partida"; "por ali e por ali, eu ou outros devemos começar" *.

Tais os pontos que desejaria apresentar hoje, pela necessidade de avaliar, no diálogo, estas indicações ora expostas e também de experimentar através do diálogo, aquilo que só pelo autêntico diálogo se pode experimentar, a saber: o que reclama explicações, o que deve ser completado, onde e por que pontos se deve iniciar, agora, no face a face com o homem moderno; isso é o mais importante, pois falo para homens que vivem hoje. Não falo a esmo, nem posso fazê-lo. Sempre falo aos homens que vejo ou que tento ver, homens de minha época e deste lugar, desta região. É isso que espero receber dos senhores. E agora quero sugerir-lhes em algumas frases como se apresenta a questão.

Há, como sabem, muitas vezes no mundo, algo particularmente falacioso e funesto, que denomino *falsa alternativa.* Uma falsa alternativa é uma formulação antitética,

---

* Buber refere-se ao livro *Das Problem des Menschen* (N. do T.).

121

dualista, para a qual não há uma terceira possibilidade e, portanto, não se pode escolher senão entre duas; como conseqüência disso, se obscurece a situação vital do homem contemporâneo, na sua dupla dimensão, a espiritual e a fática. Tal alternativa falsa, falaciosa, ilusória é a alternativa entre o individualismo e o coletivismo, que domina o nosso tempo. Não se trata, entretanto, de um terceiro "ismo" que se acrescentaria a estes dois, de modo que a escolha não seria feita entre dois "ismos", mas entre três. Ao contrário, trata-se de mostrar que estes "ismos" são uma ficção e que devem ser confrontados com a realidade, a realidade humana e atual. Afirmo, o individualismo e o coletivismo me parecem constructos fictícios, assim como a opinião denominada "visão de mundo"... Tal conceito não se refere nem a mundo nem a visão; o mundo não é visto aqui; esta assim denominada "visão de mundo" do indivíduo afirma — como os senhores já sabem, creio não precisar dizê-lo — que o essencial, aquilo de que tudo depende, aquilo por cuja vontade existe homem e até mesmo o mundo, que o indivíduo, no sentido humano do termo, é o indivíduo humano. Esta é a realidade das realidades, por cuja vontade existe o ser e desta suposta verdade fundamental resulta a tarefa do homem e do mundo, a saber, tornar-se indivíduo, intensamente e com toda força. Isso me parece fictício, esse indivíduo me parece uma abstração. Uma ficção que se descobre e da qual a gente deve distanciar-se; uma abstração que dissimula sua utilidade por traz desta reflexão, aliás, muito intensamente, mas que, não pode fazê-lo para sempre. Por utilidade, entendo a utilidade de sua exigência em ser a concretude das concretudes.

Como os senhores sabem, este individualismo se tornou questionável em nossa época, pois é atacado de diversos flancos. O principal combate se trava a partir do "coletivo", que parece, aliás, muitas vezes ter assegurado o campo e ser o mais forte. Atualmente isso tem razões complexas, mas tem antes de tudo, creio eu, como fundamento, o fato de o homem, na realidade, não poder mais tolerar o individualismo, não poder mais respirar o ar do individualismo, isto é, o ar, a esfera privada, a atmosfera do depender de si próprio como indivíduo. Ele pretende ser ainda capaz de proceder assim, faz todos os gestos, mas não é verdade. O fato de não ser verdade, o que se torna cada vez mais evidente, é explorado pelo coletivo que afirma: a realidade não é o indivíduo mas a coletividade, o grande todo social ao qual o homem pertence. Tens razão, o indivíduo é uma abstração da sociedade, isto é, a sociedade é o concreto. Não se pode, de fato, considerar o indivíduo de outro modo a não ser na sociedade, no seu contexto; não se pode realmente viver de outro modo senão na sociedade e através dela. Então, deve-se concluir que se vive também por ela. Vejo também nesta coletividade, nesta sociedade, neste grande todo, nada mais que uma abstração, como tentarei mostrar nesta palestra através dos tópicos que os senhores mesmos irão apontar.

Creio que a sociedade, imensa inter-relação de muitos homens, só é real na medida em que consiste em relações autênticas entre os homens. Por outro lado, creio igualmente que o indivíduo atinge a realidade na medida em que se torna pessoa, isto é, um homem que estabelece relações com outros homens, com outras pessoas. Como pessoa, é responsável por eles e aceita a responsabilidade deles por sua própria pessoa. Ele os confirma como homens existentes e se deixa confirmar por eles como homem existente e sempre se oferece como pilar sobre o qual será construída uma ponte sobre si e sobre seus parceiros momentâneos — ponte eterna que desaba a cada momento, mas que a cada momento se resconstrói novamente.

EU-TU, somente assim o indivíduo se torna pessoa... Que significa pessoa? A pessoa não existe fora disso, e o homem solitário é pessoa devido ao fato de estar ligado deste modo e poder ligar-se novamente, mesmo que engolfado na mais profunda solidão. E isso faz da sociedade uma realidade, a saber: na medida em que ela, a partir destas relações autênticas e imediatas, reúne existências duradouras e passageiras, institucionais e igualmente dinâmicas. É a isso que desejo aludir: "Homem-com-o-homem" é o terceiro elemento. Não mais um "ismo", e sim a realidade humana. Vejo a ascensão do individualismo e do coletivismo, sucessivamente, como o produto de um destino todo peculiar do homem que poderia descrever como o mais difícil e profundo isolamento que até hoje a humanidade experimentou. Vivemos nesta época a mais profunda solidão do homem, isto é, como uma criança abandonada pelo cosmos, não reconhecida por ele, lançada do alto de uma montanha, incapaz de se ligar, de estabelecer vínculos novamente, incapaz de reencontrar o caminho para a mãe, do qual fala Lao-tse.

Ele se sente solitário como homem, em sua essência de homem, e além deste fato fundamental é solitário como indivíduo no mundo humano. De fato, esta sociedade da qual fala o coletivismo, não é aquela comunidade nativa que envolve o homem e o abriga, protege e ampara, comunidade na qual o homem ainda viveu há alguns séculos e talvez há algumas gerações. A comunidade concreta, a comunidade da montanha, a comunidade religiosa local, a Igreja, não proporcionam isso; a comunidade concreta de fé sim, e onde ainda existe tal comunidade, ela proporciona ao homem... notável vestígio de uma época passada que nunca será suficientemente admirada. E esta experiência fundamental a ser sustentada por uma comunidade que desde o início confirmou alguém como tendo nascido nela, e, assim, a cada contato no seio desta mesma comunidade, a cada encontro na rua entre dois de seus membros, sempre a olhar uns para os outros com familiaridade ou com saudações rápidas, mas significativas, ou sem saudação, com um aceno de cabeças! Basta... ninguém pode ir além disso. Agora vejamos a vida comunitária. Tudo isso não existe mais, ou quase nada. No lugar da comunidade encontra-se a sociedade, a atual sociedade de massa na qual cada um está inserido. Na realidade não se pertence mais a uma posição social, mas a uma classe, como se diz; não mais a uma comunidade concreta, mas a associação trabalhista, a um sindicato, a um partido, em lugar daqueles encontros que hoje permanecem como estranhos anacronismos, onde a planta rara da amizade foi conservada e ainda floresce. Afirmo que todas estas coisas tomaram o lugar daquela ligação vital, daquele laço de vida e, sem dúvida, não podem proporcionar nada daquilo que aquele laço proporcionava.

Neste contexto devem ser entendidos o individualismo e o coletivismo. O individualismo como obstinada procura pelo *amor fati*, como obcecado esforço do homem em considerar-se um indivíduo, em se autoglorificar, em se autocelebrar como indivíduo isolado, e assim adquirir, através da imaginação, uma existência que não pode ser adquirida desta maneira ou escapar... Escapar para a coletividade que proporciona a alguém, sem dúvida, algo certo, ao livrá-lo da responsabilidade pessoal. Perde-se a responsabilidade. Fica-se livre de si mesmo. O problema: "posso tornar-me pessoa", o terrível problema que alguns, sem pressentir o que uma "pessoa" realmente é, tantas vezes formularam, não se coloca mais. Há um enorme aparato que funciona de modo confiável, que proporciona tudo aquilo de que o homem necessita, vale dizer, este não precisa mais responsabilizar-se nem por si próprio, nem pelo ser, nem pelos entes. Tudo será feito para ele, ele só deve oferecer-se e nada mais. Isto é o oposto, exatamente o antagônico daquela autodoação pessoal da autêntica relação. Ele se entrega, à maneira de uma roda na máquina. A máquina precisa desta roda, esta peça deve entregar-se, sem responsabilidade. Certa vez existiu, se é que existiu, um instante de reflexão, de decisão, quando o homem-peça entrou na máquina, neste lugar. Estas rodas vivas não foram ajustadas, mas entraram; o momento surgiu uma só vez, a liberdade existiu uma só vez, e não mais...

Tais produtos da situação — o primeiro, o *individualismo, produto da imaginação*, o segundo, o *coletivismo, produto da ilusão*, são estes dois "ismos" vistos a partir da situação. Digo ilusão, pois, ao contrário do que existe no individualismo, há no coletivismo algo real, algo terrivelmente real. O indivíduo não é real, ele é isolado da vida. Há um fenômeno, a realidade, sobre o qual a coletividade se baseia, que é utilizado pela coletividade, a saber: aquele fenômeno dinâmico, fortemente dinâmico, às vezes até o limite do real conhecido, que se chama, no sentido mais preciso, não só no sentido sociológico, mas no sentido histórico, "massa". A coletividade não existe, mas a massa existe; às vezes ela é o mais nuclear de todos os fatos históricos. Dela pode-se dizer tudo. A história fornece material para tudo. Aqui também, nem sempre emprego o termo imaginação, mas ilusão; refiro-me a esta construção ilusória da coletividade como realidade imensa e permanente que envolve e sustenta os indivíduos, a grande realidade que não existe.

As massas, às vezes, levam a uma imensa ação histórica, até a ruína, ou a ambas; a coletividade, em virtude de sua própria essência, não leva a lugar nenhum.

125

Vejamos agora este terceiro elemento: — a relação do homem com seu parceiro — de que maneira pode ser considerado como categoria do ser? Se o individualismo assume a categoria do individual, e o coletivismo outra categoria, a da totalidade, o que ocorre com a realidade sobre a qual eu falo e que ora menciono? Tudo o que, no plano do pensamento, já pesquisei indica finalmente que se deve colocar o dedo nesta realidade. Pergunto: através de que categoria se pode compreender ontologicamente o fato fundamental da nossa vida: "homem" — "com-o-homem"? Neste ponto a compreensão se encontra necessariamente em evolução, e, por isso, posso apresentar somente esboços.

Denomino a categoria com uma expressão um tanto audaciosa. Mas não conheço outra. O que quero dizer é o "entre". Desejo, no entanto, acrescentar algumas palavras indispensáveis para o estabelecimento do assunto.

Nós estamos em um diálogo, como este, digamos, neste momento. Embora neste instante eu seja o único a falar em voz alta, espero que os senhores estejam tomando parte nele todo o tempo, dialogalmente, uma vez que a convenção não permite que outros, a não ser eu, falem em voz alta. Como não estou comprometido com tal convenção, os senhores podem interromper-me. Se alguém deseja analisar e mostrar o que um diálogo realmente é, em que âmbito ele ocorre, a que domínio ele pertence, não encontrará em geral — contanto que os homens queiram pensar sobre isso, o que, amiúde, não é o caso — resposta para isso. Muitas vezes, encontra uma resposta relacionada com os fenômenos físicos do diálogo, isto é, como é falado, como um fenômeno acústico, físico. Outra resposta está relacionada com o aspecto psicológico. Cada um dos parceiros de um diálogo recebe algo com isso, isto é, ele compreende o outro; trata-se de um processo psicológico da alma de um indivíduo. Existe um processo físico e um processo psicológico. Há algo mais?

Peço que reflitam comigo. Estes aspectos expressam realmente algo a respeito do diálogo? Será que o domínio do diálogo é estabelecido de algum modo? O diálogo nos diz respeito por um aspecto ou por outro, ou pela soma dos dois, e assim, a soma de fenômenos acústicos e psicológicos se combinam em cada um de nós? Isso explica a essência deste processo do diálogo? Esta é uma pergunta real, fatual, que eu endereço aos senhores. Há muito não posso mais responder com um sim. E tudo o que se acrescentar aos fatos físicos e psicológicos, ou se acredita acrescentar, do ponto de vista epistemológico, lógico, estético, ou algo assim, não modifica o fato de que quando se trata de elaborar um inventário do fato, da realidade "diálogo", o que se pode apresentar é algo totalmente inadequado, secundário e parcial; somado tudo, se isso fosse possível, nunca nos seria permitido, nunca nos seria possível reconstruir a essência do diálogo. O diálogo acontece numa esfera que não é nem fática, nem física, nem psicológica, e que é muito difícil de ser determinada. Estou ciente de que estamos somente no limiar da época de pensamento que irá preocupar-se com esta categoria; somos, porém, inapelavelmente impelidos a esta categoria, à compreensão de todo o âmbito de todos os fenômenos que acontecem entre os seres, esta esfera que denomino "entre". Este diálogo não acontece aqui ou ali, em nenhum de nossos órgãos da fala, em nossos ouvidos, não ocorre sem esses elementos. Ao contrário, o diálogo, como tal, acontece na esfera específica do "entre" que utiliza as circunstâncias espaço-temporais e as inclui.

Expressando isso em termos de "vida": Homem e "com-o-homem" não podem ser atribuídos a nada mais. Esta categoria é muito importante, na minha opinião.

Não desejo, no entanto, falar mais sobre ela, neste momento. Quero parar por aqui. Todavia, embora esteja encerrando aqui este assunto... Peço-lhes que o assumam, pois, ele se tornou, em última análise um imperativo, predominantemente um imperativo. Repito, tomem este assunto e este imperativo, tanto quanto está em seu poder tão seriamente quanto possível, tão sério quanto ainda são ou tenham sido. Quando isto tiver acontecido, tendo em vista este último ou o penúltimo imperativo, fluindo para ele, advirá, se possível, uma liberação, que era indispensável para se obter algo definido.

Este último tema que devo dizer-lhe é, de novo, algo bem pessoal, mas nesta etapa não há outra maneira de falar sobre estes assuntos. Não posso liberá-los de minha batalha, especialmente, se todos aqueles que, independentemente de mim, lutaram mais ou menos pela mesma causa, não estão mais vivos, e eu devo realizar sozinho, primeiramente com aqueles que me ajudam, aquilo que deve ser realizado.

POSFÁCIO

A transformação da vida social do homem representou uma das preocupações centrais do pensamento de Buber. A ênfase sempre atribuída, através de toda a obra, à compreensão da comunidade, de um determinado tipo de vida em comum reflete uma dimensão relevante de sua filosofia social que é a afirmação da condição relacional do homem. Escritos em diversas etapas de sua carreira, os textos aqui reunidos podem ser lidos à luz das suas reflexões consagradas ao princípio dialógico apresentadas no seu livro mais importante, *Eu e Tu* editado em 1923.

O protesto lançado por Buber contra a des-personalização ou contra a "coisificação", a que foi submetido o homem moderno através da supremacia do Eu-Isso em detrimento da autêntica relação, serve de certo modo, como pano de fundo para a tentativa de transformação para a verdadeira comunidade.

Mais do que análises conceituais, Buber apresenta uma direção, um caminho (no sentido pleno de método); sua tentativa em compreender a comunidade relança em cena a dimensão ética de toda investigação filosófica. Por outro lado, sem ceder à "embriaguez das coisas particulares" (Valéry), Buber mostrou-se sempre profundamente atento à concretude do evento, onde se tramam os negócios humanos. Cada situação lhe forneceu os meios de denúncia do estado de crise e o vislumbre de uma pista para a conduta. Buber foi um daqueles raros homens em nossa história recente cuja vida e obra estiveram de tal modo fundidas e articuladas que, cada uma a seu modo, testemunha da outra. O apelo a um novo estado de coisas em prol de uma "nova comunidade", fundada em relações pessoais entre os homens vem sempre acompanhado de profunda consciência da crise das diversas situações históricas.

Em sua obra, *O Problema do Homem*, Buber credita o amadurecimento do problema antropológico a dois fatores: o primeiro, cujo caráter sociológico é preponderante, diz respeito à progressiva decomposição de antigas formas orgânicas de convivência direta entre homens. Eram comunidades que, quantitativamente não deveriam ser mais amplas que o necessário para reunir em relação direta os homens, e nas quais, os homens entravam pelo nascimento e viam, na sua pertença a elas, não o resultado de um livre acordo com o outro, mas uma obra do destino e uma tradição vital. Tais comunidades eram representadas pela família, pelo companheirismo, pela comuna aldeã ou urbana. A decomposição, continua Buber, destas comunidades foi o preço pago para a liberação política do homem na Revolução Francesa, e para o nascimento da sociedade burguesa.

O segundo fator, segundo Buber, era o agravamento da solidão do homem. A este homem moderno, que havia perdido o sentimento de habitar (*Behaustheit*) o universo, as formas orgânicas de comunidade ofereciam uma sensação de "estar-em-casa", uma segurança sociológica que o preservava do sentimento de abandono total (*idem*, p. 82). Tais formas orgânicas antigas, embora conservassem características exteriores, se dissolviam internamente, perdiam progressivamente seu sentido e seu poder interior. As novas formas sociais que substituíram as antigas e tentaram recuperar o lugar da pessoa humana nas relações sociais, como a associação, o sindicato, ou o partido, não conseguiram restabelecer a segurança perdida. A solidão crescente só foi abafada e reprimida (*idem*, p. 82).

Sem dúvida, no final do século XIX e início do XX a obra de Toennies era leitura obrigatória. Buber faz referência a esta obra clássica *Comunidade e Sociedade*. Toennies apresentou uma análise de dois tipos de sociedade, a tradicional e a liberal e contratual; ao mesmo tempo desenvolveu uma psicologia social que investigou os efeitos das instituições em que vivem as pessoas sobre sua própria autoconsciência. Em que medida as estruturas em que vivem os homens afetam a consciência de cada um de seus valores e sentimentos. Sem dúvida a sua tipologia sócio-psicológica é ainda um bom arsenal para os críticos da sociedade moderna.

É interessante notar, porém, que o estilo, por assim dizer imparcial de sua obra, não deixa claro ao leitor se a análise crítica da sociedade liberal é formulada de um ponto de vista radical ou conservador. Parece certo que suas críticas da sociedade industrial inspiraram a grande número de crítcos tanto conservadores quanto radicais. Convém ressaltar que a distinção estabelecida entre comunidade e sociedade não pretende ser uma descrição histórica de dois tipos de associação contrastantes e existentes. Não há grupo humano que possa ser descrito pura e simplesmente como comunidade ou como sociedade. Há sempre elementos contratuais nas comunidades assim como elementos comunitários nas sociedades. Parece-me que Toennies pretendeu construir modelos sociais que permitissem colocar em relevo a natureza de dois tipos contrastantes de associação humana. Algo como o que há algumas décadas antes de Toennies, Tocqueville na sua obra *De la démocratie en Amérique*, havia buscado, a saber, "a imagem" da sociedade, ou então Weber, anos depois de Toennies com seus "tipos ideais" como recursos heurísticos.

O que se apreende da descrição de Toennies na *Comunidade e Sociedade* é a alienação gradual do homem, alienação esta que lhe é imposta pela moderna sociedade capitalista, uma alienação com relação a seus próprios sentimentos, sua espontaneidade, sua personalidade.

131

Toennies, porém, não empregou este termo alienação, preferindo o conceito de "separação" do homem.

A sociedade enseja um esgotamento da espontaneidade da pessoa, da ação dialogal na sua emergência, tornando os homens supérfluos ou "egóticos" (cf. *Eu e Tu*, p. 73, edição brasileira), peças de um mecanismo. Daí resulta a negação da vontade, da decisão, da responsabilidade do agir em comum, recíproco, do diálogo, enfim, da liberdade, e da unicidade da pessoa.

Contra este esfacelamento da pessoa pelo mecanismo da sociedade de interesses (coletivismo) não se deve procurar o remédio em um igualmente fictício ensimesmamento no "privado", um mergulho no próprio eu, mas através da saída, da "aparência" deste eu no espaço público do "entre-dois".

A verdadeira comunidade não nasce do fato de que as pessoas têm sentimentos umas para com as outras (embora ela não possa, na verdade, nascer sem isso); ela nasce de duas coisas: do fato de estarem todos em relação viva e mútua com um centro vivo e de estarem unidos uns aos outros em uma relação viva e recíproca... A comunidade edifica-se sobre a relação viva e recíproca, todavia o verdadeiro construtor é o centro vivo e ativo (*Eu e Tu*, p. 53).

É a ação dialógica (cf. *Eu e Tu*, p. 16) o início de um espaço político. A redescoberta do "comum" (público) passa pela "revolução" no pensamento do "comunitário" que, mais do que através de uma previsão organicista, emerge pela prudência do juízo posto em prática na idéia de "linha de demarcação", tal como a concebe Buber.

Em sua afirmação da comunidade autêntica, a que se manifesta na relação direta entre homens, Buber rejeita ao mesmo tempo o individualismo atomístico e o coletivismo totalitário. Contra ambos, Buber aponta a visão de uma "comunidade orgânica", uma "comunidade de comunidades" construída por pequenas comunidades.

Buber, ao afirmar enfaticamente que a meta da comunidade é a própria comunidade, está negando qualquer possibilidade de se reduzir o "comum", a existência plural, a uma unidade. A comunidade é uma pluralidade que deve ser preservada da subordinação a qualquer aparelho unificador. Nesta pluralidade as pessoas vêem assegurada a singularidade de sua condição humana. Na comunidade a pessoa não é reduzida à mera função de uma "massa", a um papel numa classe. A pluralidade, condição necessária para a comunidade, tem dupla característica: igualdade e distinção. Igualdade não no sentido de igualdade de nascimento, mas igualdade de condição de existência comum no espaço comum da comunidade. Tal igualdade vai de par com a distinção, vale dizer, ela não é redução ao idêntico, ao invariável, mas paridade fundamental que autoriza a participação da palavra que nos distingue do outro manifestando-nos nossa identidade própria. O Eu-Tu não autoriza a fusão no outro ou a absorção na realidade do outro, mas é a relação recíproca e total com o outro.

A comunidade exige o espaço comum da ação recíproca, espaço que não é geométrico ou uma estrutura social, mas o lugar que dá origem, princípio (*archein* no duplo sentido de colocar em movimento e sustentar) da relação. O "entre-dois" é este espaço ontológico cuja característica é reunir sem fundir uma na outra — igualdade e distinção —; é o "entre-dois" que autoriza o inter-valo que congrega a distância. O "entre-dois" funda (*archein*) o espaço público como lugar comum que permite não o "estar-diante-do-outro", mas o face a face direto que interdiz o anonimato. O homem se torna Eu na relação com o Tu, afirma Buber no *Eu e Tu*. O anonimato caracterizará o indivíduo na massa, enquanto que a personalidade ou o caráter de pessoa caracterizará a identidade do eu só, conseguida no comum do diálogo, do "entre-dois".

Se o anonimato prevalecer, a comunidade se degenerará em dispersão tirânica (onde é contestada e negada toda personalização), ou então em concentração totalitária que esmaga os indivíduos, mas uns contra os outros e os reduz a um conglomerado, massa amorfa onde toda responsabilidade desaparece. A *massa*, negativo de *povo*, consiste numa totalidade de indiferença onde nenhum elo comum, seja social ou político, une os elementos deste agregado para fazer dele uma comunidade. Ao contrário, o que está no princípio da massa é a atomização extremada de indivíduos não como formação social mas como socialidades amorfas. Privados do "intervalo", do "entre-

-dois" fundador do vínculo dialógico, os indivíduos que compõe a massa não são agregados senão por seu isolamento mútuo; experimentam assim a "desolação" como experiência de absoluta "não-pertença".

Como emerge a comunidade? Qual o seu fundamento? A relação como ação dual, recíproca no "entre-dois", é seu único antecedente. Há em Buber uma metafísica do inaugural: o começo no sentido de *Anfang* (ascendência), e não no sentido de início cronológico, é seu princípio diretor. Esta ação não conhece as categorias de fins e meios. A comunidade é seu próprio fim, assim como a finalidade da relação Eu-Tu é a própria relação. Quando pessoas se inter-relacionam no diálogo e todos estão integrados num centro ativo, aí surge a comunidade.

Buber é otimista em relação à instauração da comunidade. Ele nota que um "imenso desejo de comunidade penetra todas as almas de pessoas nobres neste momento vital da cultura ocidental" (*O Problema do Homem*). Urge libertar a verdadeira vida então dos homens" (*idem*). Isso não ocorrerá por acaso ou pelo simples processo da história dos negócios humanos.

Para que tudo isso ocorra [continua Buber] é necessário que os homens e as multidões de homens se despojem de muitas vantagens e privilégios particulares para o bem da comunidade... é necessário o inaudito, a saber, que os homens, as multidões, queiram a comunidade com toda a força de sua alma (*idem*).

A ação recíproca que se instaura no diálogo exigirá para a total efetivação da comunidade que cada pessoa, que cada membro desta comunidade, confirme o outro. A confirmação do outro naquilo que ele é será o cimento social para a convivência na pluralidade. Graças à confirmação será possível a identidade pessoal e a distinção entre os membros.

Esta confirmação não será buscada no próprio indivíduo, numa atitude de autonomia, ou através de sua inserção no coletivo. Estes dois tipos de confirmação são ilusórios. No nível da vida social estes dois tipos de confirmação aparecem como individualismo ou coletivismo. Contra ambos, Buber propõe o surgimento revolucionário de uma comunidade orgânica na qual a confirmação é um processo eminentemente recíproco de várias pessoas que interagem.

> O fato fundamental da existência humana, afirma Buber em *O Problema do Homem*, não é nem o indivíduo enquanto tal nem o conjunto como tal (...) O fato fundamental é a existência humana, é o homem-com-o-homem (*idem*).

É no encontro "entre-dois" que se manifestará a força da comunidade. Quanto à implantação da comunidade, Buber permanece, apesar da consciência de crise do mundo atual, otimista.

> Vejo subir no horizonte, com a lentidão de todos os processos pelos quais se compõe a verdadeira história do homem, grande descontentamento que não se assemelha a nenhum conhecido até o momento. Não se levantará mais somente, como no passado, contra o reino de uma tendência determinada, a fim de fazer triunfar outras tendências; levantar-se-á em prol do amor, da autenticidade, da realização, contra a falsa maneira de realizar uma grande aspiração, a aspiração pela comunidade (*O Problema do Homem*).

Recolho, para finalizar, uma observação de Buber que me parece ser a preocupação presente em seus escritos sobre a comunidade. Esta idéia está presente em seu livro *O Socialismo Utópico* (Editora Perspectiva) e em seu breve ensaio, não traduzido, "Bermerkungen zur Germeinschaftsidee" — 1931 — ("Observações sobre a Idéia de Comunidade"). Neste texto ele afirma:

> E mais, a comunidade não deve tornar-se um princípio; ela deve também, quando aparece, responder não a um conceito mas a uma situação. A realização da idéia de comunidade, assim como a realização de qualquer idéia, não se dá de uma vez por todas e de modo universalmente válido, mas sempre apenas como resposta de momento para uma questão de momento.

Os textos de conferências proferidas por Buber ("Estado e Comunidade", "Educação para a Comunidade", "Indivíduo e Pessoa — Massa e Comunidade", e "Individualismo e Coletivismo") não foram revistos por ele. Há trechos truncados, repetições, parágrafos inteiros de difícil leitura. Na tradução, tentei aproximar-me do sentido geral, deixando o texto intocado. Não me permiti acrescentar nada quando as frases estavam inacabadas, o que explica a presença de reticências permeando o texto. Em algumas passagens há realmente lacunas de sentido que prejudicam a clareza. Só posso lamentar nossa falta de sorte por Buber não ter podido reescrever suas conferências.

É com prazer que manifesto meu cordial agradecimento ao colega e amigo Dr. Pedro Goergen, da Faculdade de Educação da Unicamp, pela sua generosa colaboração na tradução e revisão de inúmeras passagens. Suas observações me foram extremamente valiosas.

Newton A. von Zuben
Unicamp, 1985

Este livro foi impresso na cidade de Cotia,
nas oficinas da MetaBrasil, em 2018, para
a Editora Perspectiva.